ハッピー・シンガポール

かとう みさお

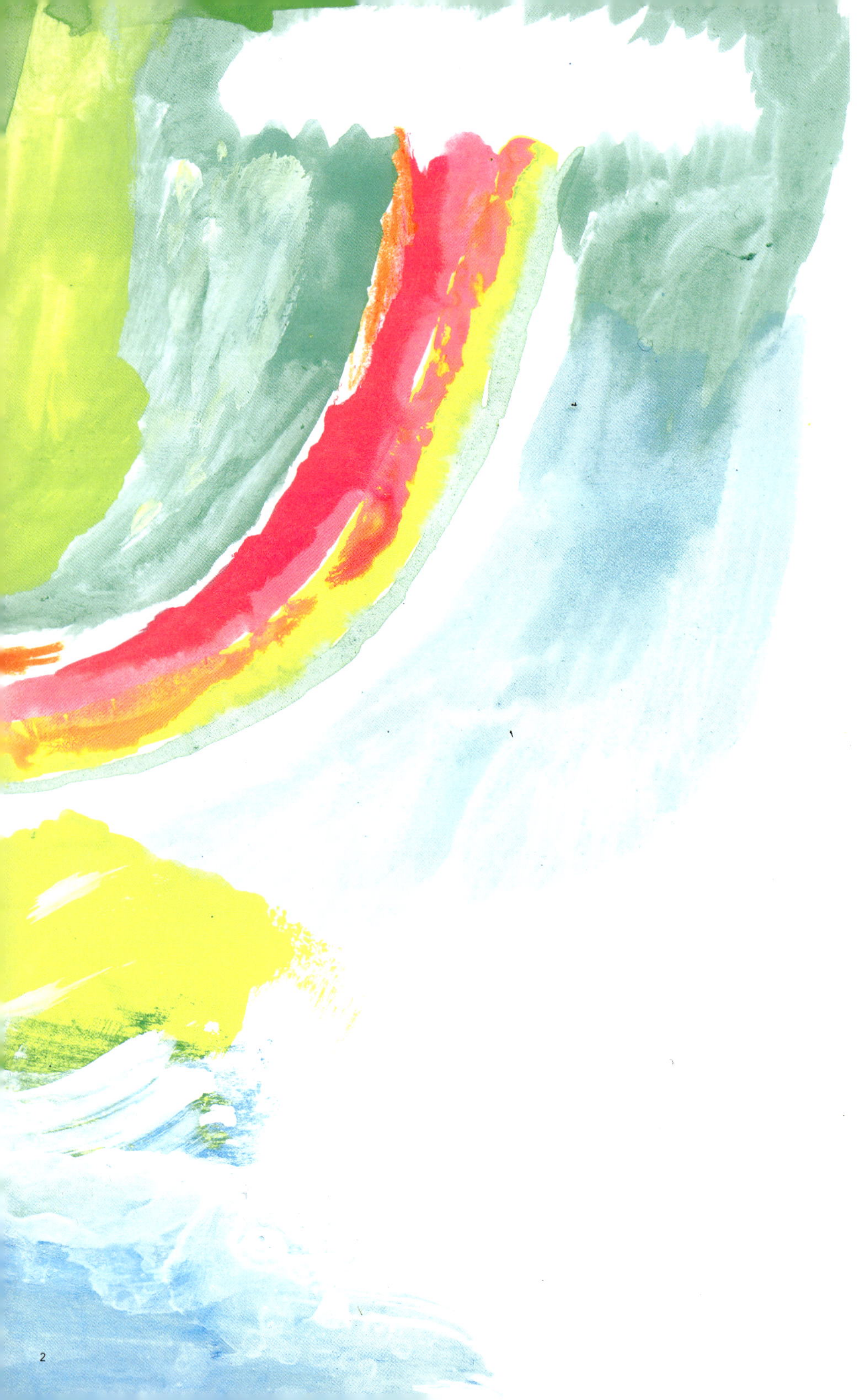

シンガポールでなにしたい？

わたしが暮らしはじめた2007年、
シンガポールはこれといった見どころもまだ少なくて、
せっかく友達が来てくれても、マーライオンとセントーサと動物園と……、
さて、どうしよう？ という感じでした。
それが、あれよあれよという間に目を見はるような成長を遂げて
いまや、なにかとニュースな街に大変身。

多民族国家ということもあって、せまいわりには多面的で奥深く
実は、いろんな楽しみ方ができる街でもあります。
贅沢したい、地元で話題のエリアに行ってみたい、
はたまた、異国文化を味わいたい……。
遊びに来た友達にそんなリクエストをされたら？
というような気分でまとめたのがこの本です。
ローカルすぎず、観光化されすぎず、敷居が高すぎない、
という視点で、わたしのお気に入りの場所やお店を中心に集めました。

さあ、シンガポールでなにしたい？
この本が、楽しい旅のよき案内役となりますように。

ハッピー・シンガポール

CONTENTS 目次

シンガポールでなにしたい？　P2

The Singapore
"ザ・シンガポール"を楽しみたい　P6

マリーナベイをぐるり
マリーナベイサンズホテル
チリクラブ
飲茶
ラッフルズホテル
プラナカンの世界

Luxury
大人の贅沢を味わいたい　P22

カペラ シンガポール
アフタヌーンティー
プロセッコブランチ
マリーナを一望できる特等席バー
バンヤンツリースパ
極上ヘアスパ

★ シンガポール旅のFAQ　P38

Eat & Drink
シンガポールを食べつくしたい　P42

高級中華
イタリアン
LOVE♡ローカルフード
地元で話題のごはんエリア
シンガポールの地ビール

Fashion & Culture
ファッション＆カルチャーに触れたい　P60

ニュー マジェスティック ホテル
クラブソンズ ザ ブティック ホテル
ハジレーン
ティオンバル
オーチャード

★　おすすめ　ザ・シンガポールみやげ　High & Low　P78

Relax
のんび〜り過ごしたい　P82

ホテル フォートカニング
緑に包まれたカフェ＆レストラン
ガーデンズ バイ ザ ベイ
シンガポールズー

Health
ココロとカラダを磨きたい　P100

エスパ
アラムサ〜ザ ガーデンスパ
伝統的マッサージのススメ
シンガポールでヘルシー食習慣

World Tour
シンガポールで世界旅行したい　P118

チャイナタウン
リトルインディア
アラブストリート
ゴールデンマイル コンプレックス(タイ)
ラッキープラザ(フィリピン)
ペニンシュラプラザ(ミャンマー)

★みんなのお気に入りの場所はどこ？　P136

地図　P140
あとがき　P144

MYANMAR
CAMBODIA
VIETNAM
THAI
マレー半島
MALAYSIA
↑
SINGAPORE

© Marina Bay Sands

"ザ・シンガポール"を楽しみたい

シンガポールは観光都市とあって、小さな国の中に見どころがギュッ!
マリーナベイサンズにマーライオン、ラッフルズホテルにチリクラブ……、
名所、名物たるものの圧倒的な存在感に、はじめて来る人はもちろん、
何度も来ている人も「ああ、シンガポールにいるんだなあ」って
きっと胸がジンとあつくなるはず(住んでるわたしでもそうですから!)。

"ザ・シンガポール"を楽しみたい

マリーナベイをぐるり
マリーナベイサンズホテル
チリクラブ
飲茶
ラッフルズホテル
プラナカンの世界

THE SINGA PORE

見どころ凝縮
マリーナベイをぐるり！

マーライオンに超高層ビルが建ち並ぶビジネス街、ドリアンの愛称で親しまれるコンサートホールのエスプラネードに、世界最大級の観覧車シンガポールフライヤー、そしてマリーナベイサンズ！名だたるランドマークが湾を取り囲むマリーナベイは、シンガポールを象徴するエリア。もし数時間しか滞在時間がないのなら、ここを一周すればよい！とアドバイスしたいくらい、シンガポールのおいしいとこどりができるエリアなのです。

ベイサイドは一周約4キロ。湾沿いの遊歩道は、天気がよければゆったり散歩コースに。

① **Merlion Park** マーライオン パーク
③ **OneFullerton** ワンフラトン
⑦ **Esplanade** エスプラネード
Fairmont Hotel
The Fullerton Hotel
Marina Mandarin Hotel
② **River Cruise** リバークルーズ
The Fullerton Bay Hotel

② リバークルーズ乗り場
マリーナベイからボートキー、クラークキーなどを昔ながらの木製のボートでクルーズ！水上から眺める街の景色はひと味ちがって大人気。
※ ⑤Shops at Marina Bay Sands 近くにもあり。

③ ワンフラトン周辺
ワンフラトンからザ フラトンベイ ホテル周辺にかけて、マリーナベイサンズを正面にのぞむレストランやバーがたくさん。

マリーナベイ ファイナンシャルセンター
都市再開発で誕生したシンガポールの新しい金融街。世界的な大手銀行が次々とここに移り、周りにもオフィスビルや高級コンドミニアムなどが。劇的に変化を遂げているエリアです。

"ザ・シンガポール" を楽しみたい

① マーライオンパーク
シンガポールのシンボル、マーライオンはここ！後ろには小さなマーライオンも。世界中からツーリストが集まる一番の観光名所です。

⑦ エスプラネード
その見た目からドリアンの愛称で親しまれる総合シアター。カフェやレストランもあり。

⑥ シンガポールフライヤー
30分かけて1周する世界最大規模の観覧車。

⑤ Shops at Marina Bay Sands
ショップス アット マリーナベイサンズ

Gardens by the Bay

⑥ Singapore Flyer
シンガポールフライヤー

Marina Bay Sands Hotel

Pan Pacific Hotel
Mandarin Oriental Hotel
The Ritz-Carlton, Millenia Hotel

ArtScience Museum
Louis Vuitton

④ Marina Bay Financial Centre
マリーナベイ ファイナンシャルセンター
LeVeL33(P59)からの景観

⑤ ショップス アット マリーナベイサンズ
世界的なブランドショップが勢ぞろいする超大型ショッピングモール。カジノがあるのもここ。ベイサイドにはビストロやバーがズラリ。20時と21時半に、水と光のド派手なショーが繰り広げられます。

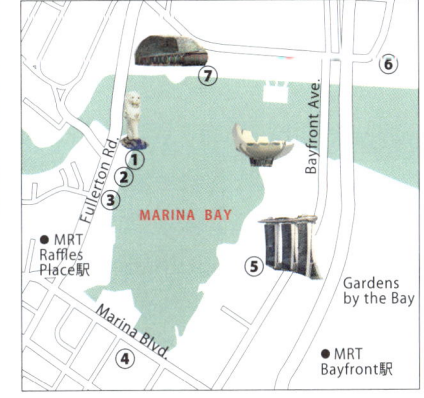

MARINA BAY
Fullerton Rd.
Bayfront Ave.
● MRT Raffles Place駅
Marina Blvd.
Gardens by the Bay
● MRT Bayfront駅

9

200m above ground

All Photos © Marina Bay Sands

MARINA BAY SANDS HOTEL

ここに1泊するだけで旬のシンガポールを語れる？

マリーナベイサンズ ホテル

一度は泊まってみたいホテルとして世界中から注目を集めるマリーナベイサンズ。ホテル自体がシンガポールいちの観光名所なのだから、そこに泊まるとなるとやっぱり気分があがります。わたしも何度も行ったことがあったというのに、泊まった時にはすごく興奮したもの。その理由はやっぱり地上200メートルの空中庭園にあるインフィニティプール！超高層ビル群をはるか下に見下ろしながら、空と一体になって泳ぐあの快感は、宿泊者だけしか味わえないのです。ちなみに、プール側からはシンガポールの摩天楼、反対のジャグジー側からはガーデンズバイザベイ、どちらも最高の景色を見わたせます。夜のきらめく夜景を眺めながら泳ぐというのも贅沢な気分！

さて、なんてったって約2560室を有するシンガポール最大のホテルだから、建物内はとにかく広くて驚きます。ホテル棟にもレストランやカフェ、クラブ、スパなどが充実しているけれど、さらに巨大ショッピングモール、ザ ショップス アット マリーナベイサンズに地下で直結。そこには、カジノやシアターをはじめ、なんと300店舗以上もの高級ブランドショップやレストラン、バーがひしめき合っているのです！ホテルとショッピングモールだけで、もはやひとつの街のようなスケール。刺激的なこと、楽しいことがギュッと詰まっていて、シンガポールの今を感じられる一大リゾートホテルです。

Marina Bay Sands Hotel
マリーナベイサンズ ホテル　(P143 C-3)
10 Bayfront Ave.
+65-6688-8868
www.marinabaysands.com

ホテルの部屋は一般のホテルのサイズの1.5倍くらいありそうな。大興奮の姪っ子が十分走り回れるくらいのスペースがありました。

マリーナベイサンズにはMRT®の路線も２つ乗り入れ、どんどん便利になっています。
※シンガポールを網羅する地下鉄。

CHILI CLUB

チリクラブは食べとかないと♪

レッドハウス シーフード

観光客で賑わうクラークキーから川沿いを5分ほど歩くと、シンガポール在住の日本人や外国人が多く集まる落ち着いた雰囲気のダイニングスポット、ロバートソンキーにたどり着きます。その一角にあるレッドハウスは、イーストコーストに本店を構える、チリクラブで有名な老舗シーフードレストラン。川に面したオープンエアの開放的な空間で、テーブルの配置もゆったり。観光名所的なガヤガヤ感があまりないから、地元のファンが多いのです。カニ料理のソースはチリ、ブラックペッパー、ホワイトペッパーといろいろあるけれど、初めてならばやっぱりチリクラブをお試しあれ。お店ごとに味の特色が異なるチリソース、こちらのものは他店よりも少しさっぱりとした印象でわたし好み。甘辛さに酸味が加わっていくらでも食べられます。残ったソースは揚げパンにからませて心ゆくまで味わって。

ただでさえ一心不乱に食べてしまいがちなカニだけど、チリクラブはそれに加えてソースで手がベタベタに……。でもそこは口数が少なくても、行儀が悪くても、おいしく食べたもの勝ち。あせらず、いらつかず、ゆっくり楽しんでくださいね。

Red House Seafood
レッドハウス シーフード　(P142 C-2)
60 Robertson Quay #01-14
The Quayside
+65-6735-7666
www.redhouseseafood.com

上：チリクラブ(S$58/1キロ)は、スリランカ産のマッドクラブをまるごと味わえます。ほかのカニにすると値段が変わるのでご確認を。
左下：わたしのお気に入りはこのバンブー貝のガーリック蒸し。
中下：観光に便利なシティ周辺にも支店があります。ショップハウスを利用したモダンな雰囲気で、こちらもおすすめ。(68 Prinsep St.)

"ザ・シンガポール"
を楽しみたい

13

上：点心はほとんどが1皿S$5〜8前後。クリスピーローステッドポークはS$14。しっかり食べたい時には炒飯などのアラカルトメニューと合わせて注文するのもおすすめ。
中下：ここのエッグタルトはタルト部分がパイ生地で、サクサク軽い食感が人気。
右下：大きなロブスターが鎮座した中華粥(S$80)といったシェフのスペシャル裏メニューもあって、これがまた人気とか(景気がいいですね)。

YAMUCHA

"ザ・シンガポール"を楽しみたい

徒歩ならオーチャード駅から20分くらい。タクシーがおすすめ。

大人の乙女心くすぐる飲茶タイム

シャンパレス

旅の"食べるリスト"の中にぜひとも加えてほしいもののひとつ、それが飲茶。シンガポールでは、街のお手軽レストランからホテルの高級中華料理店まで、いろいろな場所でハイレベルな点心を楽しめます。なかでも特に女性に人気なのがシャングリラホテル内にあるシャンパレス。とにかくインテリアが素敵なのです。燦然ときらめく赤いシャンデリアに、あちらこちらに配される草花の模様……、中国の庭園をイメージしたという、上品でありながらもロマンチックな演出にときめいてしまいます。

本格的な広東料理に定評があるこちらのレストラン、夜はちょっと敷居が高いけれど、ランチタイムにはリーズナブルに本場香港の点心の味を堪能できるのです。わたしのお気に入りは、うまみが凝縮したスープがあふれる小籠包やプリプリのエビが詰まった蒸しエビ餃子、そして外はこんがり、中はしっとりの食感がたまらないクリスピーローステットポーク!これらはどこの飲茶に行っても頼む3品なのだけれど、シャンパレスは１、２位をあらそうおいしさだと思います。そのほかは、たいていお店の人におすすめを聞いてオーダーして、ついついいろんな点心を頼みすぎては、いつもおなかがはち切れそうになるまで食べちゃう……。くるしいけれど、大満足の飲茶タイムなのです。

中国茶の種類もたくさん。おみくじみたいにひいて選ぶという楽しい演出も。どれも高級な茶葉を使用していて1ポットS$20くらい。ちなみにメニューにはS$2くらいの一般的な中国茶もあります。

Shang Palace
シャンパレス　(P142 A-1)
22 Orange Grove Rd.
Shangri-La Hotel Singapore Lobby Level
+65-6213-4473
www.shangri-la.com/jp/singapore/shangrila/dining/restaurants/shang-palace/
(日本語)

All Photos © Raffles Hotel

"ザ・シンガポール"を楽しみたい

RAFFLES HOTEL

上質な時間を味わいに

ラッフルズホテル

シンガポールを代表するホテルといえばやっぱりこちら、伝統的なコロニアル様式の佇まいが荘厳なラッフルズホテル。1887年のオープン以来、サマセット モームやエリザベス女王、チャップリンをはじめとする錚々たるセレブリティたちに愛され、今でも顧客リストには世界各国の王族や政治家、著名人たちが名を連ねています。

正面エントランスに着くと、ホテル名物、白いターバンに白い制服姿のインド人のドアマンが出迎えてくれます。この入り口の扉の奥にあるロビーへと進めるのは、宿泊する人とレストランを利用する人のみ。ロビーの先はビジターが立ち入れないスペースになっていて、そこには宿泊者しか味わえない贅沢が待っています。

緑に包まれた宿泊棟の中を歩いてみると、古い時代から受け継がれてきた調度品や絵画がいたるところに飾られていて、それはもう、うっとりするほど素敵な空間。街の真ん中だというのに鳥のさえずりが聞こえてくるほど静かなことにも驚かされます。テラスや読書スペースのソファにはお茶を飲みながら読書にふける優雅な西洋人の姿がたくさん。時間がゆったりと流れていて、まるで時代をさかのぼったような、古い映画の一場面にでも紛れ込んだかのような、そんな不思議な感覚を味わえるのです。この空気こそが、いまでも人々をひきつけてやまない理由なのかもしれません。

Raffles Hotel
ラッフルズホテル （P143 B-3）
1 Beach Rd.
+65-6337-1886
www.raffles.com/singapore/

103室のお部屋はなんと全室スイート、さらにバトラー(執事)付き！お願いすれば紅茶をいれてくれたり、お店の予約をしてくれたり、いろいろと身の回りの世話を焼いてくれます。泊まらなくても、ホテル敷地内のレストランやカフェ、ショップなど見どころいっぱい。歴史的建造物にも指定されているクラシックホテルの凛とした佇まいと空気感を味わってみて。

プラナカンの世界にうっとり
カトンエリア散策

PERANAKAN CULTURE

シンガポールは建国50年ほどの新しい国。街といえば、ピカピカの高層ビル群のイメージが強いかもしれないけれど、国が生まれるずっと前に繁栄したプラナカン文化も、街のあちらこちらに大切に残されているんですよ。プラナカンというのは、15世紀頃に中国からマレー半島にやってきた商人たちが地元の女性と所帯を持ってできた子孫たちのこと。当時のいわばセレブリティである彼らが、何代にもわたって中国、マレー、欧米の文化を融合させながら築いた独自の文化がプラナカン文化と呼ばれています。代表的なのは華麗なお屋敷に自然をモチーフにしたパステルカラーの陶器やタイル、そして精巧なビーズ刺繍の靴や雑貨、美しい刺繍がほどこされた衣装……。どれもこれもうっとりするほど豪華で、乙女心をくすぐられまくるかわいさなのです！

プラナカン文化に触れるなら、ミュージアムもいいけれど、かつて裕福なプラナカンたちが住んでいて、今も文化が色濃く残るカトンエリアの散策がおすすめ。伝統家屋のショップハウスが建ち並ぶイーストコーストロードや、ジョーチャットロードには、プラナカンの雑貨やお菓子、料理などを扱うお店が点在しています。建築物の装飾やビーズ、刺繍に彩られた雑貨などから、きっとプラナカンの繊細な美意識をうかがい知れるはず。

"ザ・シンガポール"
を楽しみたい

Kim Choo
キム チョー　(P141 F)

秘伝の伝統レシピで作られるニョニャ菓子®とプラナカン雑貨のお店。お菓子は奥のテーブル席で味わうこともできます。2階に上がると、パステルカラーの色使いが特徴のプラナカン陶器やビーズ刺繍の靴など、お土産にもぴったりの雑貨がズラリ。刺繍をしている職人さんの手仕事を間近で眺められることも。※ニョニャはプラナカン女性のこと

109/111 East Coast Rd.
+65-6741-2125
www.kimchoo.com

Rumah Bebe
ルマー ビビ　(P141 F)

鮮やかなブルーの外観が一際目につく一軒。プラナカンのビビさんが手がけるプラナカン衣服のクバヤのお店で、どれも息をのむような美しさだと評判。ほかにビーズ刺繍の靴や雑貨、お菓子もそろいます。

113 East Coast Rd.
+65-6247-8781
http://rumahbebe.com

Katong Antique House
カトン アンティークハウス　(P141 F)

プラナカン研究の第一人者ピーター ウィー氏がオーナーを務めるアンティークハウス。1階のギャラリーショップだけでなく、貴重なコレクションが眠る2階の見学ツアーも機会があればぜひ。ツアーが無理でも、奥の台所や居間スペースを見せてもらうだけでも楽しめます。

208 East Coast Rd.
+65-6345-8544(アポイントメントオンリー)
★見学ツアーは5名以上　1人S$15

328 Katong Laksa
328カトンラクサ　(P141 F)

ローカルフードを代表するラクサはもともとプラナカン料理とあって、カトンにはラクサの名店がたくさん。その代表格がこちら。ココナッツベースのスープは、コクがあってスパイシーで、クセになる味！太くプリプリとした食感の米麺は短く切られていて箸いらずで、スープとともにレンゲですくって食べるのが正統派の食べ方とか。

51/53 East Coast Rd.
http://328katonglaksa.com.sg

19

PERANAKAN CULTURE

文化までまるごと味わう
プラナカン料理

トゥルー ブルー キュイジーヌ

プラナカン文化を語るのに、やっぱり料理ははずせません。プラナカンの人たちは食文化ももちろん贅沢！手間と時間をたっぷりかけた、凝った料理が多いのが特徴です。中華料理の食材や調理法を使いながらも、チリやココナッツをはじめマレーの調味料を使った独特の風味は、ほかではなかなか味わえませんよ。プラナカンであるオーナーシェフによるトゥルー ブルー キュイジーヌは、シンガポールで人気の高いプラナカン料理のレストラン。お店の扉を開けると、そこは大きな祭壇が飾られた小部屋になっていて一瞬戸惑います。でも大丈夫。奥へと続く扉を開けると、そこがダイニングエリア。これが、プラナカンのお屋敷の造りなのです。ダイニングエリアは、プラナの家具や小物、古い写真などに彩られて、料理と一緒に文化や雰囲気をたっぷり楽しめます。

メニューの中でも名物は、アヤム ブアクルア。ブアクルアという実が入ったチキンの煮込みのことなのですが、この実がプラナカン料理の中でも特に有名。なんでも製法は、毒抜きのために灰とバナナの葉と土を重ねたものにブアクルアの実を40日間埋める→種の中身を取り出して秘伝のスパイスと一緒にすりつぶす→種の中に再び戻すという、気が遠くなるほどの工程。それをチキンの添えものとして出しちゃうところが本物の贅沢？ ブアクルアの実は小さなティースプーンで中身をすくって、チキンやごはんと混ぜていただきます。カニ味噌を濃厚にして苦味を加えたような、くせになる大人の味です。

ほかにも代々受け継がれてきたプラナカン料理やデザートのメニューがたくさん。未知なる至高の味をぜひ味わって！

プラナカンの焼き物もかわいい

True Blue Cuisine
トゥルー ブルー キュイジーヌ　(P142 B-2)
47/49 Armenian St.
+65-6440-0449
www.truebluecuisine.com

中央：手前の料理がアヤム ブアクルア(S$24)。その隣の料理は、えびやトマトとカレーリーフの炒めもの (S$15)、奥がバナナの花のサラダ(S$18)。どれもけっこうスパイシー。お手頃なセットランチ(S$32)もあります。

オーナーのお母さまも有名なプラナカンのシェフだったそう。その味を引き継ぐこのお店は、優れたレストランに贈られる賞を数多く受賞しています。

右上：入ってすぐの小部屋はプラナカン雑貨を販売するショップになっています。

"ザ・シンガポール"を楽しみたい

LUXURY

カペラ シンガポール
アフタヌーンティー
プロセッコブランチ
マリーナを一望できる特等席バー
バンヤンツリースパ
極上ヘアスパ

大人の贅沢を
味わいたい

P28 La Brezza

大人の贅沢を味わいたい

旅の中での贅沢って、ゆとりある大人の特権なのかも。
ちょっとドレスアップして、華やかな世界へ。
時には、極上エステで夢見心地のひとときを。
時間を気にせず、至れり尽くせりのサービスに身を委ねる……、
欧米文化も色濃いシンガポールだからこそかなえられる至福の時間を、ぜひ。

大人を満足させる
セントーサの隠れ家リゾート

カペラ シンガポール

「街中から車ですぐなのに、バカンス気分を味わえるの!」と友達に連れて行ってもらったのが最初。その時はホテルの中にあるボブズバーに行ったのですが、このホテルに一目ボレしてしまいました。
ホテルの正面にあるのは、19世紀に建てられたコロニアル様式の建物。その中のロビーをつっきると、宿泊スペースになっている弧を描く現代的な建築物とプール、そしてこんもりとした緑と海が目の前に広がります。見渡す景色の自然の力強さが建築物より優っている

のは、ホテル敷地内に30エーカーもの熱帯雨林を擁しているから。ここが超都市国家のシンガポールということさえ忘れてしまう迫力です。自然に囲まれているのに部屋の中はリゾート調ではなく、とってもモダンなのが素敵。リッツ・カールトンの元CEOが手がける世界展開の高級ホテルグループとあって、一人ひとりが求めるきめ細やかなサービスを提供してくれると、もっぱらの評判です。プライベート感満喫派が多いようで、専用プール付きのヴィラが人気だそう。ゴージャス感だけでは

大人の贅沢を
味わいたい

右上:ホテルでのんびり過ごしたい時は、コーヒーや紅茶、軽食を自由に楽しみながらくつろげる、ゲスト専用のライブラリースペースへ。右下:部屋タイプはスタンダードのほかにスイートルーム、プレミアルーム、ヴィラタイプなど数多く、長期滞在するゲストも多いそう。ホテル内には、モダンな高級チャイニーズレストランのカッシア、プールサイドにある地中海料理レストランのサノールズの2つの人気レストランがあります。

飽き足らない、大人にぴったりのホテルなのです。
宿泊しなくても、ボブズバーにはぜひ行ってみて!時々クジャクが遊びに来る屋外のバーで、心地よい海風を感じながらリラックスできますよ。晴れた日なら、19時頃にキレイな夕景も楽しめます。

Capella Singapore
カペラ シンガポール　(P140)

1 The Knolls Sentosa Island
+65-6377-8888
www.capellahotels.com/singapore/

右上：チフリーラウンジの名前は、壁のアートを手掛けたアメリカのガラス工芸家、デイル・チフリー氏に由来しているそう。右中：お茶は30種類以上のフレーバーから選べます。茶葉は、品質の高さで世界に認められるドイツの老舗ロンネフェルト社のもの。そしてスコーン用のジャムはパリの高級食料品店エディアールと、細かなところまでこだわりが。右下：最後にプラリネや焼き菓子がズラリと並ぶワゴンが登場。全部食べたいけれど、お腹はもうはちきれそう！

大人の贅沢を味わいたい

コース仕立てがうれしい
名門リッツのアフタヌーンティー

チフリーラウンジ

その昔イギリス領だったシンガポールには、正統派のアフタヌーンティー文化が根付いていて、午後になるとホテルのティーラウンジは優雅なひとときを楽しむ人たちであふれかえっています。わたしが来たばかりの頃には外国人の姿が多かったけれど、最近はシンガポール人女子の占める割合が大! 景気が良くなって、地元の人たちの生活水準が一気に上がったのだなあと感じられます。

甘いものがあまり得意じゃないわたしのお気に入りは、リッツカールトンにあるチフリーラウンジのアフタヌーンティーです。なんといってもそのプレゼンテーションが素敵。三段トレイとお茶がポンと出てきて終わりではありません。まずはパッションフルーツのモクテルと揚げ煎餅で南国風にお出迎え。そして、どーんと迫力のある肉料理がワゴンで登場!目の前で切り分けてくれるサービスも。その後やっと、三段トレイが出てきます。まだまだ終わりではありません。スコーンやらサンドイッチやらスイーツをつまんでいると、お口直しのソルベに焼き菓子、プラリネなどが次々とサーブされるのです。それは、まるでコース料理のよう。ほんとに贅沢な気分を味わえます。ただ、これが結構なボリューム!アフタヌーンティーは14時半スタートだけど、ランチはガマンが正解です。

Chihuly Lounge
チフリーラウンジ　(P143 C-3)
7 Raffles Ave. The Ritz-Carlton, Millenia Singapore
+65-6434-5288
www.ritzcarlton.com/ja/Properties/Singapore/Dining/ChihulyLounge/Default.htm

★アフタヌーンティー　月〜金 14:30-17:00　S$48
　(週末はハイティービュッフェになります/ S$56)

飲めや食えやの大盤振る舞い
魅惑のプロセッコブランチ

ラ ブレッザ

シンガポールに住むようになってから、週末の午後限定の贅沢に目覚めました。それは、シャンパンブランチ♡ 贅沢な食材をビュッフェスタイルで、そしてシャンパンをフリーフローで浴びるように飲めるという夢のようなブランチです。けれど、ここ数年でどんどん料金が高騰！特別な日にしか行けなくなってしまいました……。

そのかわり、最近プロセッコブランチなるものがシンガポールで流行中です。シャンパンブランチと同じシステムですが、シャンパンではなくイタリアのスパークリングワイン、プロセッコが飲み放題に。食材もフォアグラとかトリュフとか高級なものは並ばないけれど、結構ゴージャス。なにより気軽に贅沢を味わえるのがうれしいのです！わたしもめっきり、プロセッコブランチ派になりました。

おすすめはセントレジスホテルにあるイタリアン、ラ ブレッザ。プロセッコブランチは日曜日限定のレストランが多い中、こちらでは土曜日も開催。都会的な6ツ星ホテルにありながらもプールサイドという開放感たっぷりのくつろいだ雰囲気の中で、キリリとドライなプロセッコと、イタリア人シェフが腕をふるう季節の料理を思う存分味わえます。アンティパストはビュッフェだけど、メインやピッツァ、パ

大人の贅沢を味わいたい

左：プールサイドの開放的な雰囲気のなか、リラックスしながら食事を楽しみます。エアコンのきいた室内席もいいけれど、涼しい季節なら木陰にある屋外席がおすすめ。右上：チーズの種類も豊富でプロセッコがすすみます。右下：フリーフローとなるのは華やかな香りときめ細かな泡で評価の高いアドリアーノ アダミ社のプロセッコ。

スタ、デザートはオーダー制です。このレストランはグリル料理が有名で、ステーキやラム、魚のグリルが絶品！焼きたてのアツアツを味わうのが楽しみなのです。

昼から飲めば次の日の朝に響かないので安心してお酒を楽しめます。なにより高級レストランで、太陽が高いうちから心地よく酔っぱらえるなんて贅沢の極み!?

La Brezza
ラ ブレッザ (P142 A-1)
29 Tanglin Rd. The St. Regis Singapore Level 2
+65-6506-6884
www.labrezzarestaurant.com

★ウィークエンド プロセッコ ブランチ
　土日 12:00-15:00　S$108
　ノンアルコールの場合はS$78

P33 Prelude

100万ドルの夜景？
マリーナを一望できる特等席バー

超高層ビルや観光名所がひしめきあうマリーナエリアは、夜になると鳥肌モノのゴージャスな夜景スポットに。まわりにはこの大パノラマを一望できる居心地のいいバーやクラブがたくさん。わたしは、誰かの誕生日とか何かのお祝いという"ハレの日"的な夜に、友達とちょっとオシャレをして出かけます。夜景のまばゆさと、なんだかバブリーな雰囲気に、ぐいんと気分が上がるのです。300メートル近い高さから見下ろしたり、間近にのぞんだり、見る角度によって夜景の印象も感動も変わるから、酔い覚ましにのんびり歩いていろいろハシゴして、シンガポール夜景ツアーっていうのもおすすめ。

大人の贅沢を味わいたい

高いところにのぼるとテンションまで上がるのはなぜ!?

1-Altitude Gallery & Bar
ワンアルティチュード ギャラリーアンドバー
(P143 C-3)

62階建てビルの屋上、高さ282メートルという世界一高い場所にあるルーフトップバー。これはマリーナベイサンズをはるかに見下ろす高さ!ベイエリアだけでなく、シンガポール中の景色をぐるりと360度見渡せるんです。夕方、まだ空いている時間に行って、夕景から夜景に変わる街を見下ろすのがおすすめ。

1 Raffles Place（旧OUB Centre）level 63
+65-6438-0410
www.1-altitude.com

★カバーチャージS$30〜(1ドリンク付き)

KU DE TA Club Lounge
クデタ　(P143 C-3)

マリーナベイサンズの空中庭園にある、日本の携帯電話のコマーシャルで一躍有名になったプールサイドのクラブバー。クラブといえど、シンガポールにしくは年齢層が高く落ち着いた大人の雰囲気だから、プールを横目に地上200メートルからの絶景を眺めながら飲むだけでも。友達と盛り上がりたい夜にぴったり!

1 Bayfront Ave.
SkyPark at Marina Bay Sands Tower3
+65-6688-7688
http://kudeta.com/singapore/

★金土祝前日の21時以降のみ、カバーチャージS$38 (1ドリンク付き)

夜空の下で飲むお酒がこんなにおいしいのはなぜ !?

Super Tree by IndoChine
スーパーツリー バイ インドシン　(P143 C-4)

ガーデンズ バイ ザ ベイの巨大な人工ツリーの最上階にあるバー。夜にはスーパーツリー自体がライトアップされて、まるで未来都市にいるみたいな感覚に！マリーナベイサンズのすぐ裏側にあって、マーライオン側からとはまたちがったシンガポールの夜景を楽しめます。下の階にある併設のレストランも人気。

18 Marina Gardens Dr. #03-01
Gardens by the Bay
+65- 6694-8489
http://indochine-group.com/home/locsingapore-supertree.php

★カバーチャージS$18 (1ドリンク付き)

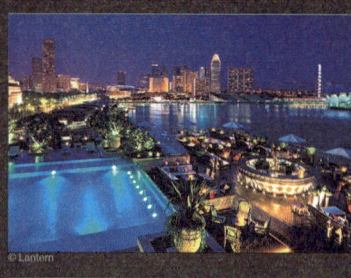

Lantern
ランタン　(P143 C-3)

湾にせり出すザ フラトンベイ ホテルの屋上にある、プールを囲むラグジュアリーバー。ここはマリーナベイサンズの対岸に位置し、ベイエリアの夜景をパノラマで楽しめるんです。豪華な雰囲気だけどリゾートっぽさもあって、ゆったりと過ごせます。遅い時間はいつもいっぱいなので、早めに行くか事前に予約を。

80 Collyer Quay
The Fullerton Bey Hotel
+65-6597-5299
www.fullertonbayhotel.com/dining-en.html

大人の贅沢を
味わいたい

Prelude
プレリュード （P143 C-3）

古くは船に飲み水を渡す施設だったという歴史的建造物の屋上にある、船のデッキのような雰囲気のバー。マリーナの夜景を一望できるうえ、すぐ隣には1829年に建られたものを改装したフラトンホテルがあって、クラシカルな雰囲気も味わえます。フレンチレストラン併設のバーだから料理もおいしくて、ゆったり飲みたい時にはいつもここなのです。

3 Fullerton Rd. #04-01
The Waterboat House Rooftop
+65-6538-9038
www.boathouse.com.sg

Orgo
オルゴ （P143 C-3）

ベイエリア夜景のアクセントとなるエスプラネードだけど、その屋上バーからの眺めも最高！金融街の超高層ビル群を真正面にのぞむ夜景は迫力満点で、バーの居心地の良さについつい長居してしまいます。フルーツや野菜、ハーブを使ってカクテルを作るミクソロジストがいるから、個性的なカクテルをオーダーしてみては？

8 Raffles Ave. #04-01
Esplanade Theaters on the Bey Roof Terrace
+65-6336-9366
www.orgo.sg

とびきりの贅沢を味わえる天空スパ

バンヤンツリースパ

自分を甘やかす極上の時間を過ごしたいなら、ぜひマリーナベイサンズホテルの55階へ。地上200メートル近いその場所に、ため息がでるほどラグジュアリーなスパがあります。それが、世界各地の高級リゾート地で展開し、セレブたちを虜にしているバンヤンツリースパ。本拠地であるここシンガポールでは、バンヤンツリーならではの伝統的なアジアのセラピーを、都会的なホテルの高層階というロケーションで、パノラマの絶景とともに満喫できます。

数あるトリートメントの中でも、贅沢を極めたいならハーモニー バンヤンがおすすめ。150分間の夢のトリートメントで、シンガポールの国花である蘭のスクラブにはじまり、2人のセラピストによる両側からのマッサージを全身くまなく、そして最後は蘭の花びらが浮いたお風呂と、最上級のおもてなしを受けられます。また一番の人気は、気軽に受けられる60分または90分のマッサージ。バリニーズ、タイ、スウェディッシュ、ロミロミをはじめ8種類のマッサージから好みで選べます。実はわたし

大人の贅沢を
味わいたい

右頁右：ゆとりのある各個室には更衣室がついていてシャワーはもちろんトイレまで完備、とても快適に過ごせます。左頁右上：施術後には、ラウンジに移動してお茶とフルーツのサービスが受けられます。夜景を楽しめる時間帯を希望の場合は人気なので、早めのご予約を。左頁左下：施術前にはバラの花びらが浮いた足湯でリラックス。　右頁左下：エントランスでは生命の樹である大きなバンヤンツリーのオブジェがお出迎え。インテリアは神秘的な熱帯雨林をテーマにしているそう。

もこのマッサージを受けてファンになりました。やさしくゆったりとした手の動きだけど、ポイントごとにちゃんと力強くて大満足なのです。うっとりするほどラグジュアリーな雰囲気のなかで優雅な気分にひたりながら心の底からリラックス……、そんな大人の癒しのひとときを味わってみませんか。

Banyan Tree Spa
バンヤンツリースパ　(P143 C-3)

10 Dayfront Ave. Marina Bay Sands Tower1 Level55
+65-6688-8825
www.banyantreespa.com/outlet.php?oid=31

★ハーモニー バンヤン (150分)　S$620
★マッサージ (60分)　S$200 / (90分)　S$260

35

姫気分を味わえる
極上のヘアスパで夢見心地 zzz

ジェイズサロン アンド ランコム ビューティ インスティチュート

シンガポールでは湿気のせいか水質のせいか、髪が悲しくなるほど膨張したりうねったり。暮らしはじめた頃はロングだったわたしの髪もどんどん短くなって、今やかなりのショートヘアに。髪質に恵まれた人以外、キレイなロングヘアを維持するのはこの国では至難の業で、髪を切るか毎日束ねるか、縮毛矯正をかけるか、究極の選択なのです。

でも旅の道中なら話は別。いうことを聞かない髪にイライラしていたらせっかくの旅が台無しだから、この際極上のヘアスパを受けて、髪もココロも癒やされてみては？

緑あふれるラグジュアリーなプライベートルームで、リバーサイドの景色を眼下に眺めながら、髪のケアとマッサージにゆったりと身を任せる……、そんな贅沢なヘアスパを受けられるサロンがあるんです。シンガポールリバー沿いのホテル内にあるジェイズ サロンは、シンガポール人セレブによる経営で、一流のおもてなしを味わえると外国人からも人気のヘアサロン。ハイグレードなサロン向けヘアケアラインのケラスターゼ製品で髪と頭皮

大人の贅沢を
味わいたい

左頁右上：セラピストがトリートメント前に頭皮と髪の状態をマイクロスコープでチェックして、一人ひとりの髪質や頭皮の状態によってケラスターゼ製品を組み合わせてくれます。右頁左下：ピーリング効果のあるクリームを使って頭皮をしっかりマッサージ、その後トリートメント剤を塗布した髪にスチームをあてて成分を髪の中へしっかり注入してくれます。マッサージはラベンダーの香りのオイルを使って。右頁右上：飲み物は、シンガポールのティーブランド、グリフォンのフレーバーティーやコーヒーなど、10種以上のメニューから好みのものを選べます。

の両方を集中ケアしてくれるうえ、フカフカのリクライニングシートに寝そべった状態で頭皮から首、肩、背中、指先に至るまで丁寧にマッサージ！もう至れり尽くせりの120分で、心までとろけるような"姫気分"を味わえるのです。わたしも取材で何度となく受けて、夢の世界に連れていかれました……。
仕上げにスタイリングまでしてくれるから、ゴージャスな場所へ出かける前に予約するのもよいかも。

J's Salon & LANCÔME Beauty Institute
ジェイズサロン アンド ランコム ビューティ インスティチュート
(P142 C-1)
392 Havelock Rd.
Grand Copthorne Waterfront Hotel Level3
+65-6834-0012／+ 65-6738-8788
www.js.com.sg

★ケラスターゼ ヘアスパ（120分） S$248〜
　（スカルプトリートメント＋ヘアトリートメント＋
　　肩、首、腕マッサージ）

37

出発前編

シンガポール旅のFAQ
家族や友達が遊びに来てくれた時、よく聞かれた質問をまとめました。

どれくらい暑いの?

シンガポールは年中夏ですが、乾季と雨季とに分かれます。乾季は2月〜10月頃。太陽の光が容赦なく照りつけ、ずっと外を歩くのはツライ時期。ただ朝晩や日陰などは案外涼しく、わたしの家族はよく夏休みに避暑のためにシンガポールへやって来ます。乾季でもスコールは降るので、傘は忘れずに。
10月〜2月頃までの雨季は、曇りや雨の日が続いて気温は30度まで上がらない日も多いのですが、湿度がすごく高くてムシムシしているのであまり涼しく感じないかも。特に日本は寒い時期なので、急な気温差で体調をこわさないように注意してくださいね。こまめな水分補給が大切ですよ。

おすすめの時期はある?

街がきらびやかなのは、クリスマスや旧正月、中秋節の前後。イルミネーションに彩られてとってもきれいなんです。特に世界的にも有名なオーチャードのクリスマスイルミネーションは、2キロ以上もの長さの大通りが光のアーチに包まれてロマンチック!毎年デザインが変わるので、わたしもいつも楽しみです。旧正月シーズンもチャイナタウンがあざやかに飾られて見応えがあるけれど、旧正月本番の数日間だけはクローズするお店が多いのでちょっとさみしいかも。
ショッピング好きな人は、5月末から2ヵ月ほど開催されるグレートシンガポールセール(GSS)の時期がおすすめ。日本ではセールをしないハイブランドのショップでもかなり割引されています!クリスマスから旧正月にかけてもセールは開催されますが、やっぱりGSSの方が規模が大きいみたい。
ほかにも毎年9月にはF1グランプリが開催されるし、年間を通して多民族国家ならではの異国情緒あふれるお祭りやイベントもたくさんあるので、旅の計画を立てる時にぜひ一度チェックしてみて。

参考サイト:シンガポール政府観光局公式サイト　www.yoursingapore.com
※サイトマップのイベント&お祭りをクリック

どんな服を持っていけばいい？

基本的に日本で夏に着ている服で大丈夫ですが、建物や電車、タクシーの中はびっくりするほど冷房が効いているので、ノースリーブにショートパンツ、素足でサンダル、なんてファッションだと凍えます。防寒用のカーディガンや大判ストールを忘れずに持ち歩きましょう。
暑い国だからリゾートでするようなラフなファッションを中心にそろえがちだけれど、ハイクラスのホテルやレストラン、バーではスマートカジュアルというドレスコードがあるのでご注意を。きれいめの服も用意しておくと安心です。

物価は高いの？ 安いの？

「駐在員にとって物価の高い国」というイギリスの経済誌の調査で、2014年には東京を抜いて第1位に選ばれたシンガポール。ここ数年でどんどん物価は上昇していますが、全体的にはまだ日本よりもちょっと安いか、そんなに変わらないな、という印象です。安いものと高いものでいろいろ選択肢があるので、旅のスタイルによって変わってきそう。ホーカーセンターでの食事、タクシーや電車、バスなどの公共機関は日本と比べものにならないくらい安い！食材や服、マッサージ、ネイルなどもそこそこ割安感があります。高いものはお酒やタバコ、ホテルの宿泊料など（住んでみると家と車がすっごく高い）。それから日本のように安くておいしくて雰囲気のいいレストランが少ないので、ちょっといいお店で食事すると結構なお値段になります(お酒も高いから？)。最近は円安なのもあって数年前に比べるとお得感は減ったかも。

無料のWi-Fi環境は整ってる？

ホテルなどではだいたい無料Wi-Fiサービスがありますが、屋外でもネットにつながるととっても便利ですよね。シンガポールではWireless@SGという無料のWi-Fiネットワークが張り巡らされていて、登録すれば街中のいろんな場所で使えます。ただ超アナログなわたしからすると、この登録が結構ややこしいイメージ。今は登録方法を説明してくれているサイト(日本語)がたくさんあるので、自信のない人は日本であらかじめ下準備してきたほうがよさそうです。
また、このネットワークはつながらない場所がちょくちょくあるようなので、ずっとつながっていないと困る！という人は、海外用のWi-Fiルーターを借りてきた方がよいと思います。

現地編

交通手段はなにがよい？

ここ数年でMRTの路線が増えてかなり便利になっているので、目的地が駅から近いのならMRTの利用が断然おすすめ！街の空気感を味わいながら目的地まで歩くのも楽しいものです。たくさんMRT移動する場合は、日本のsuicaのような使い方のできるEZ-Linkカードを購入すると便利。時間がない旅の場合はもちろんタクシー移動がスムーズ。日本に比べたらすごく低料金なので気兼ねなく乗れるけれど、雨の日や夕方の時間帯などはタクシースタンドには長蛇の列が。オンコールといって電話でタクシーを呼んでも30分以上つかまらないこともしょっちゅうです。そんな時わたしは、あきらめてMRTを利用するか、お茶やショッピングをして楽しみながら時間をずらしています。

※タクシーは乗る時間帯やエリアによって様々な追加料金が発生して、メーターの金額にプラスされます。
オンコールの電話番号や追加料金などの参考サイト：Taxi Singapore　www.taxisingapore.com(英語)

レストランのメニューでよく見る++ってなに？

シンガポールではほとんどの場合が消費税込みの金額で表示されていますが、レストランなどの飲食店では税抜き表記になっています。なので、メニューにある++は、ひとつの+が消費税(7%)、もうひとつの+がサービス税(10%)、つまり合計金額に消費税とサービス税が加算されますよ、という意味です。サービス税が加算されるので、チップは不要です。たまに+がひとつのお店がありますが、それは消費税のみ、サービス税はいただきませんという意味。どちらも不要な場合はNett、またはNo Service Charge, No GSTなどと表示されています。ちなみにホーカーセンターやフードコート、ファーストフード店などでは税込み表記となっています。

シンガポールは安全？

シンガポールは東南アジアといえども日本と同じくらい治安のよい国。オーチャードのショッピングモールは21〜22時まで開いているところが多く(ショップス アット マリーナベイサンズはなんと23時まで!)、夜でも買い物を楽しむ女性の姿がたくさん。日本とちがって気軽にタクシーで帰れるので、終電の時間が過ぎても深夜とは思えない街の活気を感じます。深夜の一人歩きは避ける、人気の少ない場所や怪しげな場所には近づかないなど、外国にいることを忘れずに気を引き締めていれば、危ないことに巻き込まれることはほとんどありません。
注意したいのは、スリや置き引き。混雑した観光名所やショッピングモールで被害にあったという話を時々聞くので、買い物に夢中になっても貴重品は肌身離さずしっかり管理してくださいね。また、日本ではしてしまいがちですが、カフェやバーなどで財布だけを持って荷物を置きっぱなしにして席を離れるのも危険です。

シンガポーリアンが話している英語をはじめて聞くと、誰もが「中国語??」と思ってしまいます(かくいう、わたしも!)。それくらい、シンガポーリアンが話す英語＝シングリッシュはなまりが強く、そのうえみんな超早口!! 多少英語ができる人だと自信をなくしてしまいそうだけど、英語を母国語に持つ国の人たちでさえはじめは聞き取れないし、自分の英語も通じないことがあると嘆いているのでご安心を。このシングリッシュ、慣れてしまうと英語ができない人にとっては逆に楽でもあるんですよ。正しい文法の英語よりも単語を並べて話したほうが通じたりするし、こちらが英語ができないと分かると相手もゆっくり話してくれるし、こちらの言いたいことをくみ取ろうという努力もしてくれます。いろんな人種が住む国だからかシンガポーリアンはけっこう言語に対して懐が深いので、英語に自信がないからと言いたいことを飲み込まないで、思い切って言葉にしてみて!

OK LAH~~ Can Can Can

英語がぜんぜん聞き取れない!

最後に、わたしがシンガポーリアンの友達に忠告されてショックを受けた驚愕のトイレ事情をご紹介。日本人って普通に便座に座りますよね。あれ、絶対にシンガポールではしちゃだめなのだそうです!古いトイレに入ると便座が薄汚れていることがあるのだけど、それは少し前まで洋式の便座に土足で足を置いて和式のように使っている人が多かったからなのだとか。みんなそれを知っているので、古いトイレではもちろん、きれいなショッピングモールなどのトイレでも、多くの人が中腰で用を足しているそう(たまに男子トイレのように便座が上がっている時もある)。中腰で用を足すと、なんといいますか、女子ですのでなかなかコントロールがむつかしく、便座を汚してしまうことが多々あるのだそうです(ガーン)!! シンガポールでは便座は汚いもの。お尻の衛生のためにも、トイレは中腰!または、便座クリーナーでしっかりふいてから座る、というのを徹底したほうがよさそうです。

トイレで注意することは?

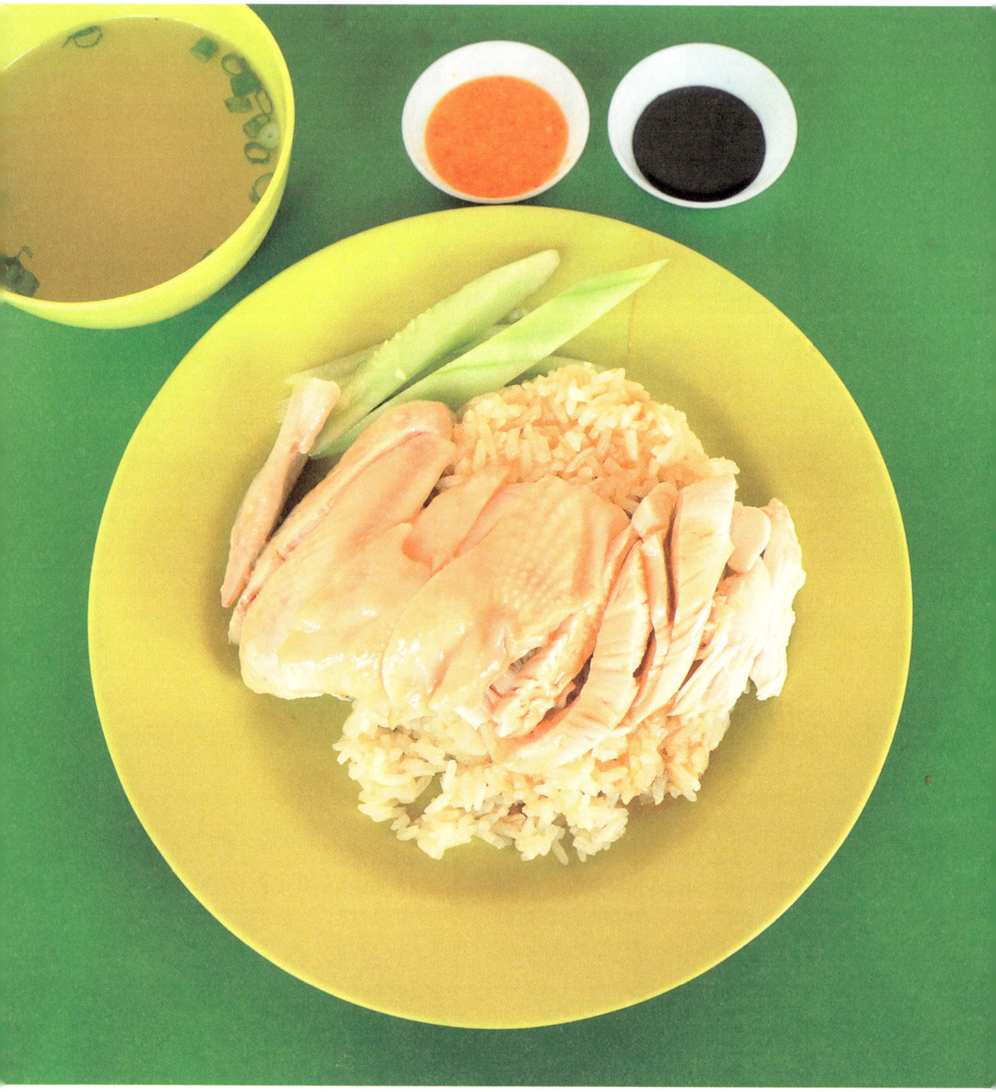

シンガポールを
食べつくしたい

高級中華
イタリアン
LOVE♡ローカルフード
地元で話題のごはんエリア
シンガポールの地ビール

EAT & DRINK

シンガポールを食べつくしたい

そろそろおなかが空いてきた？ 食べる楽しみなくして、旅は語れませんね。
わたしも友達や家族が来るたび、「なに食べに行こう？」と頭を悩ませます。
だって、多民族国家でいろんな文化が混じりあうシンガポール、
数ドルのローカルフードから、数百ドルするすご腕シェフのレストランまで、
食道楽の人にはたまらない選択肢の多さ。考えるだけでわくわく、グーグー。

Maxwell Food Centre

44

高級中華といえば北京ダック！って思うのはわたしだけ？

ミンジャン アット ワンノース

中華系の国民が7割を占めるシンガポールは、中華料理のお味もハイレベル。街中の手頃なレストランで食べてもハズレはあまりないけれど、贅沢な気分の日におすすめなのがこちらのレストラン。日本から家族や友達が来てくれて、せっかくだからちょっと豪華な中華に連れて行ってあげたいなあ、なんて時にぴったりなのです。
ここはグッドウッドパークホテルの中にある四川料理で有名なレストランの支店。なぜ本店に行かないかというと、この支店の北京ダックがピカイチだから！なんと北京ダックのために、専門のシェフを北京から呼び寄せているのです。そのうえ敷地内には北京ダック専用の薪窯の建物まであって、この中でリンゴの木を薪に使って昔ながらのレシピと製法でじっくりロースト。徹底的にこだわったこの北京ダックを、パリパリの皮だけでなく、本場流にやわらかなお肉までたっぷり堪能できるので大満足なのです。もちろん、ほかにもおいしいメニューがたくさん。正統派の味にモダンな盛り付けで、舌でも目でも楽しませてくれます。
料理だけではなく、雰囲気も最高。緑の中に佇む古いコロニアル様式の建物をまるごと利用していて、どこかの別荘地にでも来たような気分を味わえます。シノワズリの家具に彩られた室内も素敵だけど、わたしは開放的な屋外席が好き。暑すぎない時期におすすめです。

Min Jiang at One-North
ミンジャン アット ワンノース　(P141 C)
No. 5 Rochester Park
+65-6774-0122
www.goodwoodparkhotel.com/min-jiang-at-one-north-,dining_viewItem_11-en.html
※北京ダックは予約がベター

下：北京ダック(ハーフS$45・ホールS$90)はキュウリとネギ、甘いダークソースと一緒に薄餅で包む定番スタイルにくわえ、こちらではピリ辛ザーサイや大根などを薄餅で包む四川風も楽しめます。残った肉の部分は他の料理にアレンジして出してくれます。唯の部分のパリパリとした香ばしい皮は、砂糖をつけていただきます(淑女風なのだとか)。
中央：ロブスターやウナギなど、高級食材を一皿で味わえるアペタイザープラッター(S$25)も人気。

北京ダックは少人数ならハーフサイズがおすすめ。食べきれなかったらお持ち帰りもできますよ。

JIM BEAM
WILD TURKEY 101
Maker's Mark
KNOB CREEK
MALIBU
BACARDI
Havana Club
ROBERTO GALETTI
S.PELLEGRINO
PANNA
travel & living
Barilla

GARIBALDI

© Garibaldi

© Garibaldi

ちょっと贅沢したい日はここ

ガリバルディ

「シンガポールで一番人気のイタリアン」と、こちらに来て間もないころに連れて行ってもらったのがガリバルディ。それから好景気にのって新しいレストランもどんどんオープンしたけれど、やっぱりわたしの一番のお気に入りはガリバルディで、去年のお誕生日も日本から来てくれた友達にここでお祝いしてもらいました。

レストランに贈られる数々の栄誉ある賞を受賞してきたイタリア人シェフ、ロベルト氏がイタリアから直送される素材を使って創りだす料理はいつも感動もののおいしさ。そして店内にはなんと800種、9000本ものワインが並ぶワインセラーが！希少な銘柄もたくさんあるそうで、ワイン好きにはたまりませんね。

コース料理もあるけれど、シェフ自慢のシグネチャーメニューや10種以上ある日替わりメニューをアラカルトでオーダーしてシェアすると、いろんなおいしさを楽しめますよ。料理は人数分にきれいに取り分けてサーブしてくれるから安心。

フォスカリーニのカボシェペンダントライトがアクセントの店内は洗練された大人の空間。スタッフの対応はていねいできめ細やか、だけどとってもフレンドリーで、気軽にその日のおすすめを聞いたり、料理へのいろんなリクエストもしやすいのがうれしい。ずっと通い続けたい居心地のよいレストランなのです。

Garibaldi Italian Restaurant and Bar
ガリバルディ　（P143 B-3）
36 Purvis St. #01-02
+65- 6837-1468
www.garibaldi.com.sg

上：オーナーシェフのロベルト ガレッティ氏。シンガポールに来る前は日本にいた親日家。ミラノに本店を持つ有名店ビーチェ東京での経験を誇ります。左中：お店に入ってすぐはバースペースになっているので、いろんなカクテルもオーダーできます。下：ロベルト氏の手にかかると、伝統的なイタリア料理がとても洗練された印象に。セットランチ(S$39)やエグゼクティブランチ(S$68)、エグゼクティブディナー(S$168)など、コース料理も豊富。同じ通り沿いにロベルト氏が手がけるピッツェリア、リ：フレッシュもあります。(18 Purvis St.)

P50 Maxwell Food Centre

♡LOVE♡
ローカルフード

シンガポール市民の日常にしっかりと根付いているローカルフード。
屋台ごはんのお店が集まるホーカーセンターやフードコート、
はたまた食堂やレストランなど
街のいたるところでおいしい地元の味と出合えます。
住んでいても食べ尽くせないほど種類が豊富で、
屋台ごはんならどれもS$5以下とリーズナブル！
食べ歩きの楽しみにはこと欠けません。
ただ、数あるお店の中には正直当たり外れも。
おいしいお店の見分け方は、
ズバリ、そこに活気があるかどうか！
食事どきに行列ができていれば間違いなしです。
シンガポーリアンの舌はかなりシビアで、
妥協してイマイチな料理を食べるってことがあんまりないのです。
分かりやすいでしょ？

シンガポールを
食べつくしたい

LOCAL sweets
数ドルで手に入る幸せ♡
魅惑のローカルスイーツ

暑くほてったカラダにうれしい
味香園のスノーアイス

有名すぎる一品だけどやっぱり紹介しておきたいのが、チャイナタウンにある中華デザート専門店のスノーアイス。日本のかき氷とちがって氷自体に味がついているのが特徴。ふわりとした口どけで、一度食べたらやみつきに！種類はマンゴー、パッションフルーツ、抹茶小豆、黒ごま小豆をはじめ10種類以上で、どれも驚くほどのボリューム。フルーツの果肉やあずきなどがたっぷりトッピングされているのも感激です。

味香園甜品 Mei Heong Yuen Dessert
メイホンユエン デザート　(P142 C-2)
63 - 67 Temple St.
+65-6221-1156
www.meiheongyuendessert.com.sg
※ION Orchardなどに支店あり。
★マンゴースノーアイス　S$5

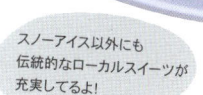

スノーアイス以外にも
伝統的なローカルスイーツが
充実してるよ！

とろーり、やさしい味
ラオバンの豆花

豆乳からできた豆花(トーファ)は、ヘルシーさで人気の庶民のスイーツ。たいてい豆乳やさんで売られていて、甘いシロップにつかっているのが一般的。実はわたし、そのシロップがニガテだったのだけど、シロップなしの画期的な豆花に出合いました！それが、ここ老伴の豆花。豆花自体に味がついていて、見た目はまるでプリンみたい。口に入れるとさっぱり、なめらか。ほんわりとした大豆の味と甘さが口の中に広がってすごくおいしいのです！

老伴豆花 Lao Ban Soya Beancurd
ラオバン ソヤビーンカード　(P141 E)
1 Kadayanallur St. #01-91
Maxwell Food Centre
※国内各所に支店あり。
★豆花(Soya beancurd)　S$1.50
　濃厚な味わいのアーモンド味の豆花(S$2)も人気。

屋台ごはんを食べずして、
シンガポールグルメは語れない！

これが、わたしのお気に入りの屋台ごはん。

Maxwell Food Centre　(P141 E)

マックスウェル フードセンター (1 Kadayanallur St.)
舌の肥えた人たちが足繁く通う、古くから愛されるシンガポール人の台所。ツーリストにも人気。

チキンライス

やわらかくジューシーに茹であげた鶏肉を、鶏のだしで炊いたご飯に添えたシンガポールの国民食。あっさり上品な味わいが、チリを加えると一気に東南アジア風味に変身。マックスウェルはチキンライスの激戦地だけど、シンガポールいち有名なのがこの天天海南鶏飯で、昼間はいつも大行列。ほかに地元の人たちに人気の東風発というお店もおすすめ。

★天天海南鶏飯:#10/11　チキンライス S$3.50

フィッシュミートビーフン

スパゲティほどの太さのモチモチとした米粉の麺に魚のだしのきいた濃厚白濁スープがしっかりと絡みついて絶妙なおいしさ。カラッと揚げられた魚のフライが4つか5つほど浮いていて、これがまたいい味を出しています。いっときハマって頻繁に食べていたメニューだけど、中でもマックスウェルの金華はわたしの中でナンバーワン。

★金華:#77　フィッシュミートビーフン S$4

Food Republic
@Wisma Atria　(P142 B-1)

フードリパブリック
(435 Orchard Rd. Wisma Atria Level4)
屋台ごはんが味わえる屋内のフードコート。ホーカーセンターに比べて涼しく清潔な分、ちょっぴり高め。

フライドホッケンミー

福建麺と書いて、ホッケンミー。福建省風のエビ焼きそばのことで、一般的に黄色い中華麺と米粉からできた白い麺の2種類を混ぜたソバを、エビのだしがたっぷり効いたスープにからめて蒸し焼きにします。エビやイカ、野菜、卵など、具だくさんなのもうれしい。お好みでチリを混ぜたり、ライムを絞って食べて。この泰豊のホッケンミーは何店舗も展開する超有名店で、日本にも進出しています。

★泰豊:#12　フライドホッケンミー S$5

LOCAL food

ローカル気分を味わうなら、熱気あふれる屋外のホーカーセンターで地元の人たちにまじりながら汗をかきかき楽しんで！暑いところはちょっと……という人は、ショッピングセンター内にある清潔でエアコンが効いたフードコートがおすすめ。

シンガポールを食べつくしたい

Tanjong Pagar Plaza Food Centre　(P141 E)

タンジョンパガープラザ
(Block 6 Tanjong Pagar Plaza Level2)
界隈のシンガポール人に大人気のホーカーセンター。名店が多いことでも有名。

フィッシュボールヌードル

プリッと弾力のある魚のすり身の団子がたっぷり入った麺料理。麺は卵麺やビーフンなど5種類くらいの中から選べます。あっさり味のスープと、ピリッとスパイシーな味付けのドライ(スープなし)の2種類があるけれど、わたしは断然スープ派！特にこのお店はスープの味がやさしく、フィッシュボールだけでなく、かまぼこやワンタンまで入っているのが魅力です。

★潮州魚圓面：#02-47　フィッシュボールヌードル S$3

ヨントーフ

野菜、ねり製品、豆腐、揚げ物など、いろんな種類のネタを好みで選べるシンガポール版のおでん。おわんの中に好きな具を自分で入れてお店の人に渡すと火を通してくれます。具を渡す時に「ヌードル？」と聞かれるので、麺(ビーフン)を入れたい方は「イエス！」と答えましょう。わたしのお気に入りは卵豆腐やトマト。揚げ物を加えると、だしにコクがでますよ。

★榮興釀豆腐：#02-04
　ヨントーフ 1具材 S$0.60 (オーダーは5具材以上)

Hainan @7　(P141 E)

ハイナン アット セブン (Block 7 Tanjong Pagar Plaza)
近所の人しかほぼ利用しないかなりローカルな雰囲気。

板麺(ばんめん)

読んで字のごとく平べったい板のような太麺は、手打ちなので小麦粉の味をちゃんと感じられる風味。モッチモチとした食感もたまりません。だしがしっかりきいたスープに、青野菜、ひき肉、落とし卵など具材も豊富。二日酔いの時はコレ！という人も多いよう。ここの板麺はスープの味がピカイチ！なのです。

★新興手工面：#01-105　板麺 S$3.50

51

LOCAL restaurant

そこにしかない味を求めて
人気のローカルレストランへ

チリクラブに負けない名物
ジンジャーチキン

日本から来る家族や友達にファンが多くて、もう何回も何回も何回もリピートしているのがこちらのお店。みんないわく「チリクラブは一度食べたら満足、ジンジャーチキンは何度でも食べたい」。それほどみんなをトリコにするひみつは、秘伝のジンジャーソースにありそうです。パンチがききすぎずにさっぱり、でもしっかりとコクのあるソースで、ふっくらやわらかく蒸しあがったジューシーなチキンにとっても合うのです。蒸し鶏をシャキシャキレタスに包んで食べるというのもヘルシーなかんじでよいのかも。

もちろん、スープレストランという店名なだけあって伝統的な薬膳スープも種類豊富。たとえば、鶏肉と朝鮮人参のスープなら疲労回復といったふうに、スープのメニューにはそれぞれ美肌とか、痩身とか、ストレス対策などなど、わかりやすいタイトルがついていておもしろいんです。薬膳とはいってもそんなにクセは強くなく、おいしくいただけますよ。ほかにも、中華レストランらしい定番メニューもたくさんあって、どれもおいしく、そしてうれしいことにリーズナブル！シンガポール国内に何店舗もあるこの人気レストラン、チャンギ空港の第2ターミナルにもあってフライトの前後についつい立ち寄ってしまいます。

三水ジンジャーチキンは、その昔、広東省の三水から出稼ぎに来ていた女性たちが特別な日に食べていたごちそうだそう。蒸し鶏にジンジャーソースをたっぷりかけ、レタスで巻いて食べるのが王道スタイル。

2～3人で食べるならSサイズ(写真/ S$16.90)で十分！

Soup Restaurant
スープレストラン　(P142　B-1)

290 Orchard Rd. #B1-07 PARAGON
+65-6333-6228
www.souprestaurant.com.sg
※写真はオーチャード店

シンガポールを
食べつくしたい

やめられない止まらない
魅惑のスープ、バクテー

ときどき、むしょうに食べたくなるのがこのバクテー。「骨肉茶」という、漢字で書くととても奇妙なこの料理、骨付き豚肉を様々な香辛料や大量のにんにくとともに煮込み、白コショウをピリリと効かせたシンガポール名物のスープです。滋養たっぷりで、もともと中国大陸からやってきた労働者たちが力をつけるために朝食として食べていたものだとか。豚骨の旨味がたっぷり染み出たスープは意外とあっさり、けれどコクはある絶妙の味わいで、これがまたハマるんです。豚の骨からだしをとっているから、日本でいえばトンコツスープ！ 飲んだ後に恋しくなるはずです。

バクテーやさんは数あれど、ずっと通っているのがシンガポーリアンのお友達に教えてもらったこのお店。バスやタクシーでしか行けないからちょっと不便だけど、日本から誰か来た時にはたいていここへ案内します。というのも、バクテーというのは屋台のようなところで食べる"ちゃちゃっとごはん"なのだけど、ここならちゃんとしたレストランで、ビールもサイドメニューもいろいろあって、腰をすえてゆっくり食べられるのです。夜も遅めの時間になると店の前に長蛇の列ができるので、開店の18時頃に行くのがおすすめです。

バクテー(リブ)は一杯S$8。スープのおかわり自由。長時間煮込まれた、簡単にほぐれるほどやわらかい豚肉は、ダークソイソースという中国の粘り気のある濃い醤油(チリ入り)を付けていただきます。
下/店の片隅にいつも座っているおっちゃん(オーナー)。シンガポールではかなりの有名人。
お店はランチタイムも営業。定休日は火曜日。

Founder Rou Gu Cha Cafeteria
發起人肉骨茶餐館
ファウンダーバクテー　(P140 A)

347 Balestier Rd.
+65-6352-6192

Duxton

地元で話題のごはんエリア1
ダクストン周辺

ツーリストの間で有名なのではなく地元で話題のレストランに行きたい、なんていう人におすすめなのが、ダクストン周辺。実はこのあたり、ほんの数年前まではフィリピンパブなどが集まるあやしい歓楽街だったのに、突然素敵なレストランやカフェが続々オープン。メディアを賑わすエリアに生れ変わりました。伝統的な建築様式であるショップハウスが建ち並ぶ古い街の雰囲気も居心地がいいので、ごはんやお茶を楽しみがてら、街をゆっくり散策するのもおすすめです。

Duxton Area map

- こちらのケオンサイクロード周辺にも、話題のお店が続々オープン。
- 石畳の路地にレストランが並んで、ちょっとヨーロッパみたい。
- この大通り沿いには韓国料理店がいっぱい！
- このあたりにラーメン屋さんや和食やさんが集中。
- このふたつの通り沿いにも、レストランやカフェが点在。

KEONG SAIK RD / TECK LIM RD / NEIL RD / DUXTON HILL RD / MAXWELL RD / CRAIG RD / DUXTON RD / TANJONG PAGAR RD

シンガポールを食べつくしたい

36 Duxton Hill ☆1
+65-6690-7561
http://lentrecote.sg

© L'Entrecote

L'Entrecote
ラントルコート　（P141 E）

メインディッシュがステーキだけというビストロ。脇にはフレンチフライが添えられ(なんとお代わり自由)ボリューム満点だけれど、ハーブが香るクリーミーなソースに食欲を刺激されて、ペロリと食べられちゃいます。ダックリエットやフォアグラのテリーヌなど、前菜メニューは豊富なので、わたしはたいていステーキ1人前を2人でシェアして、前菜をいろいろオーダー。ワインもすすみます。

★ステーキ　S$29.90

16 Jiak Chuan Rd. ☆2
+65-6222-1616
http://esquina.com.sg

© Esquina Tapas Bar

Esquina Tapas Bar
エスキーナ タパスバー　（P141 E）

イギリス人のミシュランスターシェフ、ジェイソン アンダーソン氏がプロデュースする、ダクストンから少し外れた路地に佇むタパスバー。シェフたちの動きを楽しめるオープンキッチンのカウンター席が中心で、そのカジュアルな雰囲気と目からうろこのおいしさに魅了されたシンガポール人、欧米人でいつも大盛況。オープン当初は18時過ぎに行ってもすでに行列ができていた人気店です。

★前菜はS$10前後　料理はS$20〜30前後

55

Robertson Quay

地元で話題のごはんエリア2
ロバートソンキー

シンガポール川の河畔には波止場(Quay)と名のつくエリアが3つあって、そのうちの2つ、ボートキーとクラークキーはガイドブックでもおなじみのナイトスポット。そして、一番上流にあるここロバートソンキーは、コンドミニアムが建ち並ぶ住宅地ということもあってツーリストよりも在住者が多く、ご近所感覚ののんびりとした雰囲気。レストランやカフェ、バーなどがズラリと軒を連ねる川沿いには、ランニングや犬の散歩をする人たちの姿がたくさん。レストランは和食、中華、イタリアン、フレンチから多国籍料理まで、気分に合わせてなんでも選べる充実ぶりがうれしい。

シンガポールを食べつくしたい

Brussels Sprouts
ブリュッセルズ スプラウツ （P142 C-2）

100種類以上のベルギービールと、25種類のソースから選べるムール貝で有名なレストラン。ビールはバケツのようなグラスで出てくる500mlのヒューガルデン ホワイトが大人気。ムール貝はスターターサイズ(小)でも結構な量で、お代わり自由のフレンチフライ付き。注文しすぎるとお腹がはちきれそうになるのでご注意を！サラダやパスタ、肉料理などのメニューも豊富です。

★ムール貝＆フレンチフライ(スモール)　S$20

80 Mohamed Sultan Rd.
#01-12 The Pier@Robertson　☆1
＋65-6887-4344
www.brusselssprouts.com.sg

eM By The River
エム バイ ザ リバー　（P142 C-2）

ギャラリーホテルの1階にある、緑あふれる川沿いのカフェ。昼間はテラス席にある木々が木陰をつくるので晴れた日でも涼しく、まったりくつろげる雰囲気。本を読んだり、おしゃべりに興じたりでついつい長居してしまいます。カフェメニューも充実していて、ランチにお茶にと大活躍。一転、夜になると活気あふれるバーに。お酒の種類が豊富で、平日でも午前2時まで営業しているのもうれしい。

★ チキンウィング(ハーフサイズ)　S$13

1 Nanson Rd. #01-05 Gallery Hotel　☆2
＋65-6836-9691
www.em-n-em.com

Robertson Quay Area Map

この2つの通り沿いには和食やさん多数！

ロバートソンウォークの中に入ると、噴水のある中庭を中心にレストランやバーがぎっしり!!

川沿いにレストランがずらり！開放感あふれるアウトドア席がおすすめ。

こちら側にも、まだまだお店が並びます。

MARTIN RD
MOHAMED SULTAN RD
UNITY ST
CLEMENCEAU AVE

Robertson Walk
Robertson Quay　☆1
Red House Seafood (P12)
☆2

57

地ビールめぐりしてみない?

P59 LeVeL 33

　湿気が多くてムシムシと暑いシンガポール、汗をたくさんかくぶん、のどのかわきも早いのです。そんな時においしいのが、やっぱりビール!カラカラののどには冷たい炭酸の爽快感がたまりません。わたしもすっかりビール党になりました。

　ビール好きが多いからか、シンガポールにはおいしいビールをそろえたお店がたくさん。なかでも店内に醸造施設があって、できたてホヤホヤの新鮮なビールを提供するビアレストランが大人気です。それぞれの醸造施設でシンガポールの気候に合わせて作られるオリジナルのビールは、日本でおなじみのラガービールのほか、フルーティな香りのエールビールも種類豊富。いろんな味を楽しめるのがうれしい!お酒が高いシンガポールだけど、早い時間帯にはたいていのお店でビールが割引価格に。ビールと一緒に楽しめる料理もおいしく充実していて、ビール党じゃなくても十分満喫できますよ。

1 ラガー!
2 エール!
3 黒ビール!

500mlのビールもごくごく飲めて何杯でもおかわりしちゃう。これぞ、シンガポールマジック

＼醸造施設つき！／
自家製ビールで人気のレストラン

LeVeL 33
レベルサーティスリー　(P143 C-3)

目玉は33階からのマリーナの絶景。場所も新しい金融街、マリーナベイ ファイナンシャルセンターとあって、ラグジュアリーな雰囲気。ヨーロピアンテイストの地ビールや料理がそろいます。

8 Marina Boulevard #33-01
Marina Bay Financial Centre Tower 1
+65-6834-3133
www.level33.com.sg

Red Dot Brewhouse
レッドドット　(P141 D)

シンガポール初の個人経営のマイクロブリュワリー。個性的なフレーバーのオリジナルビールと多彩な料理が自慢。森の中の隠れ家のような雰囲気も素敵です。

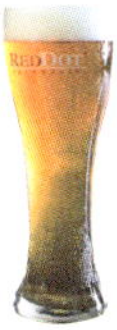

Blk 25A Dempsey Rd. #01-01
+65-6475-0500
www.reddotbrewhouse.com.sg
※ボートキー店もあり

© Red Dot Brewhouse

Tawandang Microbrewery
タワンダン　(P141 D)

バンコク発の人気ビアレストランの直営店とあって、ビールのおともは本格タイ料理が中心。スパイシーな味わいが、フルーティなドイツ式のオリジナルビールと不思議とよく合います。

Blk 26 Dempsey Rd. #01-01
+65-6476-6742
www.tawandang.com

Brewerkz Microbrewery and Restaurants
ブリューワークス　(P142 C-2)

自家製ビアレストランの元祖的存在。5種類のシグネチャービールのほか、季節限定ビールも登場します。川沿いというロケーションと、アメリカンスタイルの料理や雰囲気で開放感たっぷり。

30 Merchant Rd. #01-05/06 Riverside Point
+65-6438-7438
www.brewerkz.com

P73 Open Door Policy

FASHION & CULTURE

ニュー マジェスティック ホテル
クラブソンズ ザ ブティック ホテル
ハジレーン
ティオンバル
オーチャード

ファッション＆カルチャー
に触れたい

ファッション＆カルチャーに触れたい

2007年、わたしがシンガポールに来たばかりのころには、
心くすぐる素敵なカフェやショップはほんのわずかだったけれど、
ここ数年、驚くほどの勢いで次々オープン！街にしても、ファッションにしても、
新しい世代のカルチャーがいまアツーいシンガポールなのです。
おかげで、街歩きもお買い物もだんぜん楽しくなってきました！

© New Majestic Hotel（右頁右下写真を除く）

ホテルなのに、まるでアートギャラリー！

ニュー マジェスティック ホテル

シンガポールには1900年代初頭に建てられた伝統的なショップハウスが軒を連ねる古い街並みが、あちらこちらに残されています。建物の中身はたいていオフィスやレストラン、雑貨店、カフェなどに改装されていて、日本でいう町家の感覚に近いかも？ このショップハウスを再利用したブティックホテルが、最近次々とオープンしています。その草分け的存在が、2006年オープンのニュー マジェスティック ホテル。一般的なシティホテルとはまったく趣きの異なる、おもしろい仕掛けが満載のホテルです。まずロビーからして、名作チェアやカルテルの照明、アーティストのインスタレーションなどが並び、時にローカルカルチャーを紹介するポップアップショップが登場するなど、遊び心いっぱいです。そしてぜんぶで30室の客室は、ひとつとして同じ部屋はありません。それぞれの部屋がシンガポールのアーティストやデザイナーによって手がけられていて、ベッドを天井からつるした部屋、天井の高さが6メートルもある部屋、中央にバスタブが置かれた部屋などなど、突き抜けたデザイン

ファッション&カルチャー
に触れたい

左上/中上：ベッドリネンは高級ブランド、ブローを、アメニティは人気コスメブランド、キールズを採用するなどの細やかなこだわりも人気のひみつ。　右上：プールの底に埋め込まれた丸いガラス窓からは、1階のマジェスティックレストランをのぞくことができるんです。反対にレストランで天井を見上げると、泳ぐ人だちの姿が！サプライズがいろんなところに仕掛けられています。右下：ホテル1階にある広東料理のマジェスティックレストランは、数々の名誉ある賞に輝いてきた超有名店。食通たちからも愛される味を堪能してみては？

の部屋ばかり！連泊するなら毎日部屋を替えて、毎日度肝を抜かれたいです。
場所はチャイナタウンのはずれだけれど、実はまわりに話題のレストランやバーが多い注目のエリア。マリーナやシティエリアとはまた違った街の魅力を満喫できますよ。

New Majestic Hotel
ニュー マジェスティック ホテル　(P141 E)
31-37 Bukit Pasoh Rd.
+65-6511-4700
www.newmajestichotel.com

63

左：マキシマのアームチェアやリボンチェアをはじめ、数々のデザイナーズ家具が並び、サワヤ氏の世界観を満喫できるロビーは、アート好きなら訪れたい隠れた名所。　右上：17階のバーのほか、ビストロやデリなども併設。ホテル周辺にもおいしいスポットがいっぱい。日本食の激戦地なので、和食党にはうれしい限りです。

ファッション&カルチャー
に触れたい

『2001年宇宙の旅』の世界へようこそ！

クラプソンズ ザ ブティック ホテル

ビジネス街の高層ビルに一歩足を踏み入れると、ステンレスの大きな球体がどどんと鎮座！ 実はこれ、ホテルのレセプションスペース。のっけから、派手に出迎えてくれます。そのロビーにしても、スペーシーな天井やデザイナーズ家具の数々で彩られ、ミッドセンチュリーデザインの世界観が炸裂しています。客室はなんと17室だけ。そして部屋のタイプはすべて異なります。どの部屋もシックでくつろげる大人の雰囲気でありながら、シャワーブースがガラス張りであったりするなど、ドキリとする仕掛けが。

もはやアート作品に近い、この型破りなホテルのデザインを手掛けたのは、イタリアで活躍するコンテンポラリーデザインの先駆者、ウィリアム サワヤ氏。もちろん奇抜なデザインにとどまらず、ファシリティやアメニティは高品質なものを厳選、ホスピタリティも一流で、居心地がとってもよいのです。地の利があるのも手伝って、上質を知るビジネスマンの利用が多いそう。

泊まらなくても、17階にある屋上バーには気軽に立ち寄れます。ここは、夕方になると近隣で働く人たちで大賑わい。高層ビルのはざまで、ビジネスマンに囲まれながら一杯……、なんてシンガポールらしい都会的なシチュエーションを味わってみては？

All Photos © Klapsons The Boutique Hotel

Klapsons The Boutique Hotel
クラプソンズ ザ ブティック ホテル　（P141　E）
15 Hoe Chiang Rd.
+65-6521-9000
www.klapsons.com/singapore

65

Haji Lane
ハジレーン

個性派ショップが集まる路地をじっくり散策

街中くまなく大型ショッピングモールが建ち並ぶシンガポール。お買い物もごはんも涼しく快適なモール内ですませられて便利なのだけれど、どこに行っても同じようなブランドやお店が並ぶばかり。空気感を感じながらぶらぶら街を散策する楽しみがなくて、正直さみしい……。それでシンガポールに来た当初、わたしがよく出かけていたのがハジレーンという路地。200メートルほどの短くせまい通りなのだけど、若いクリエーターブランドのショップや古着屋、雑貨屋、カフェ、タトゥーショップなど、刺激的なお店がぎっしり軒を連ねているのです。なんでもはじまりは、2005年に登場したコムデギャルソンのポップアップショップだとか。それに影響を受けたファッション関係者たちがこの地に次々とお店を構えはじめたのだそう。小さなお店ばかりだけど、チープシックなお店から洗練されたお店まで幅広く、どこもオーナーのこだわりがたっぷり詰まっていて、1軒ずつぜんぶ見てまわりたい気分に!

うれしいことに、数年前から周辺にも同じようなテイストのショップやカフェがオープンしてエリアが拡大。とはいえ、このあたりは国内最大のモスクに、マレーや中東のお店が建ち並ぶアラブストリート。そのエキゾチックな文化と混じり合いながら、さらに独特でおもしろい雰囲気の街に変わっていきそうです。

ファッション&カルチャー
に触れたい

1	2	3
4	5	6
7	8	9

1.ハジレーンから少し離れた場所にあるメゾンイッコク(P69)のルーフトップバーのすぐ脇にはモスクが。2.ハジレーンには最近路地に面した(たまに路地まではみ出した)カフェが増えてます。4.かわいい雑貨やアクセ、洋服がそろうハジレーンの有名店。(Salad Shop/25 Haji Lane)6.日本の自転車ブランドのお店もあるんです(Tokyo Bike/38 Haji Lane) 7・8.女性グラフィックデザイナーが集めたステーショナリーや雑貨が店内にぎっしり!(Mondays Off/76 Haji Lane) 9.地元のアーティストがジャズライブなどを定期的に行う人気のカフェバー。(Blu Jaz Cafe/11Bali Lane)

67

Haji Lane Shop

Soon Lee
スーン リー （P143 G）

おしゃれ好きの女の子御用達、アジア、ヨーロッパ、アメリカなどの話題のブランドが集まるセレクトショップ。ビンテージっぽいバッグや靴、アクセサリー、そして書籍なんかもあって、つい見入ってしまいます。オーチャード界隈にロックスターというカジュアル系のショップも展開していて、そちらもおすすめです。

73 Haji Lane
+65-6297-0198
www.soonlee.sg
Rockstar: www.rockstarsingapore.blogspot.sg

Threadbare & Squirrel
スレッドベア アンド スクイレル （P143 G）

オーナーのおめがねにかなった個性的なアイテムが集まるマルチレーベルブティック。世界的に活躍するマックス タンをはじめ、クオリティの高いローカルブランドが充実。2フロアを使ってメンズとレディスの服、靴、バッグ、アクセサリーを展開していて、見ごたえ充分です。場所は、ハジレーンの1本西側のバリレーン。

660 North Bridge Rd.
+65-6396-6738
http://threadbareandsquirrel.com

ファッション&カルチャー
に触れたい

Bar Stories
バー ストーリーズ (P143 G)

果実や野菜、ハーブを使ったミクソロジーカクテルをシンガポールに広めた隠れ家的雰囲気のバー。メニューはなくて、一人ひとりの好みや気分を聞き出して即興でカクテルを作ってくれるスタイル。毎回どんなカクテルが出てくるか楽しみなのです。15時から深夜まで営業していてお茶もできます。

55/57A Haji Lane
＋65-6298-0838
www.barstories.com.sg
★カクテル　S$20～

Fika
フィーカ (P143 G)

トルコ絨毯やさんが軒を連ねるアラブストリートで異彩を放つスウェディッシュカフェ。散策に疲れた時にお茶するもよし、ミートボールやサーモングリルをはじめ本格的なスウェーデン料理のメニューが充実しているのでビストロ使いするもよし。ムスリム系のお店なので、アルコール類と豚肉はありません。

257 Beach Rd.
＋65-6396-9096
www.fikacafe.com
★スウェディッシュ ハンドメイド ミートボール　S$19.50

Maison Ikkoku
メゾンイッコク (P143 G)

ケメックスやエバソロ、水出しコーヒーなど、世界各国のコーヒーメーカーをそろえ、こだわりのコーヒーを提供する大人気カフェ。サンドイッチやオールデイブレックファーストなどのカフェごはんも充実。2、3階はバー、3階の一部はアパレルのショップになっています。店名は日本のまんがファンのオーナーが命名。

20 Kandahar St.
＋65-6294-0078
www.maison-ikkoku.net
★ドリップコーヒーS$7

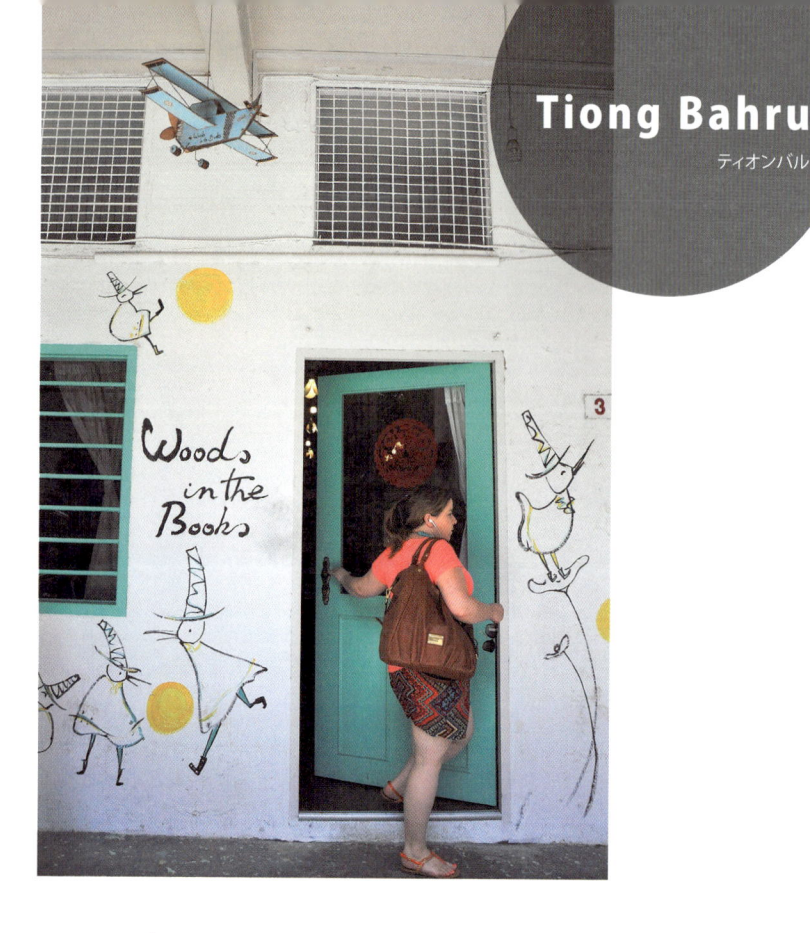

Tiong Bahru
ティオンバル

のんびり歩きながら
新旧カルチャーをつまみ食い

大きな生鮮市場があって、そのまわりをぐるりと団地が取り囲んでいて、おいしいローカル料理のお店もたくさんあって……。下町風情が色濃く残る街だったティオンバルは数年前からいきなりかわいいカフェやショップが次々とオープン。いまやハジレーン以上のおしゃれエリアとなりました。

庶民的なイメージが強かったティオンバルだけど、戦前まではブルジョア層の居住区だったとか。さらにはお金持ちの人たちが愛人を住まわせるエリアでもあったそうで、他のエリアによくある団地(HDB)とは趣のちがうレトロな低層の団地が建ち並んでいます。最近街全体の雰囲気があか抜けてきたこともあって、この古い街並みがヨーロッパのどこか郊外の景色のようにも見えてきたから不思議です。

はじめは通りにポツリ、ポツリとしかなかったカフェや雑貨やさんも最近どんどん増殖中。しかも、これまでティオンバルの魅力であったコテコテのローカル色も健在。生鮮市場をのぞいた後にカフェでお茶、そのあと雑貨屋めぐりをして、おなかがすいたらローカルフードに舌鼓……、なんて街のミックス感を楽しみながら、のんびり街をめぐってみては?

ファッション&カルチャー
に触れたい

1	2	3
4	5	6
7	8	9

1.フレンチテイストのかわいいフラワーショップでは、猫のサンナーかお出ぇ。(Une Olive/61 Seng Poh Lane) 2. nana&birdにはローカルデザイナーのアクセも豊富。(P72) 3.このあたりの建物は弧を描いているのが特徴。4・5.こだわりの本や雑貨で天井までぎっしり埋めつくされた居心地のいい本屋さん。(Books Actually/ 9 Yong Siak St.) 7.世界を旅したグラフィックデザイナーのアムステルダム出身女性が素敵なライフスタイルを提案する雑貨店。(bloesem/59 Eng Hoon St. #01-79) 8.ティオンバルにはおいしいローカルフードのお店がいっぱい!9. ティオンバルマーケットには新鮮な野菜やフルーツ、お肉が勢ぞろい。

71

Tiong Bahru Shop

nana & bird ナナ アンド バード　(P142 C-1)
ファッションが大好きなシンガポーリアン女性2人がはじめたマルチレーベルストア。彼女たちのお気に入りしか置かないというポリシーのもとに集められた国内外のデザイナーによる洋服やアクセサリー、バッグたちに、おしゃれ心をくすぐられます。

79 Chay Yan St.
+65-9117-0430
http://nanaandbird.com
※Eng Hoon St.(ティオンバルベーカリー向かい)にも支店あり。

Strangelets
ストレンジェレッツ　(P142 C-1)
一時的な流行にとらわれないものをテーマに、若いインテリアデザイナーや建築家たちによって選ばれた雑貨がところせましと並ぶお店。そのセレクトは、食器やステーショナリー、石鹸から、靴やバッグ、アクセサリーまで多彩。雑貨一つひとつを手に取りながらじっくり見てしまう一軒です。

7 Yong Siak St.　+65-6222-1456
www.strangelets.sg

ファッション&カルチャー
に触れたい

Tion Bahru Bakery
ティオンバル ベーカリー　(P142 C-1)

パリの新進気鋭のパン職人ゴントラン シェリエがプロデュースするベーカリーカフェ。サンドイッチから食事パン、スイーツまで種類豊富なパンを店内でも楽しめます。ローカル紙はここのクロワッサンを「ベストクロワッサン イン シンガポール」と絶賛。これまたおいしいと評判のコーヒーとともに試してみては。

56 Eng Hoon St. #01-70
+65-6220-3430
www.tiongbahrubakery.com
★クロワッサン　S$2.5

Plain Vanilla Bakery
プレイン バニラ ベーカリー　(P142 C-1)

最高品質の素材や手間ひまをかける製法にこだわるベーカリー。カップケーキやタルト、ケーキなどがずらりと並べられた、まるでヨーロッパのパティスリーのようなショーケースにきゅんときます。片隅で展開されるキッチン雑貨もかわいい！のんびり過ごせるカフェスペースは、歩き疲れた時の休憩にぴったり。

1D Yong Siak St.
+65-6465-5942
www.plainvanillabakery.com
★カップケーキ　S$3.50〜

Open Door Policy(ODP)
オープン ドア ポリシー　(P142 C-1)

カフェのようなカジュアルな雰囲気の中、有名シェフが監修する料理を楽しめるビストロ。意外性があって目でも楽しめる料理が人気で、店内はいつも満席。事前予約がおすすめです。わたしは週末のお昼限定のブランチが好き。

19 Yong Siak St.
+65-6221-9307
www.odpsingapore.com
★ブランチS$21〜(土日の午後のみ)

73

Orchard
オーチャード

目抜き通りでも
ローカルカルチャーはそここに

いわずと知れた、シンガポールいちのお買い物スポット。オーチャードロードに沿って、すし詰め状態にショッピングモールが建ち並んでいます。その距離、なんと2キロ以上！ここ数年で次々と新しいショッピングモールもオープンしていて、週末にもなると、お買い物目当てに集まるシンガポール人やツーリストですごい人、人、人!!!
有名なハイブランドやファストファッションブランドが目立つせいか「日本で買えるブランドばかりでつまんない」という声もあるけれど、シンガポールらしいファッションやカルチャーを感じられるお店も意外とたくさん。なかでもMRTサマセット駅近くにあるショッピングモール、オーチャードセントラルには、世界からも注目を集めるローカルの実力派デザイナーズブランド、レックレス エリカやサブリナ ゴーのショップをはじめ、いろんなローカルブランドを紹介するセレクトショップが目白押しです。ほかにも、ファストファッションブランドのチャールズ アンド キースや、紅茶ブランドのTWGなど、オーチャードにはシンガポール発のブランドが至るところに。ぜひ、現地のファッションカルチャーを肌で感じてみて！

ファッション&カルチャー
に触れたい

1	2	3
4	5	6
7	8	9

1.トレンド感いっぱいの靴やバッグで大人気！とってもリーズナブルだから、まとめ買いする人の姿もちらほら(Charles&Keith/ION Orchard #B3-58ほか) 2.シンガポールを拠点に活動するデザイナー、サブリナ ゴーの服は個性的なシルエットが特徴。(SABRINAGOH/Orchard Central #02-11/12) 3.上質で洗練されたデザインで世界的に人気のシンガポール発ブランド(Raoul/Paragon #02-49) 4.個性的なアクセサリーや服が大集合！(Egg-ccessorize by Egg3/Orchard Central #04-07) 5.ショッピングモール群の合間にショップハウスを利用したバーが並ぶエリアも。6.大通り沿いには屋台のアイスクリームやさんがちょこちょこあって大人気。7.8.9.大型ショッピングモールが集中し、手に入らないものはない!?

Orchard Shop

Pact
パクト　(P142 B-2)

大阪、東京、シンガポールで展開する日本のヘアサロン、パクト＋リム、そのネイルサロンのキヨネ、国内外ブランドの上質なウエアやアクセサリーをそろえるケー.アイ.エヌ、ヘルシーなアジア料理を楽しめるキロをはじめ、アクセサリーのお店やパフュームのお店、家具店などがひとつになった、衣食住と美容の複合ショップ。シンガポールと日本と世界の文化がいい具合に混じり合ってなにか新しいものが生まれている、わくわくできる空間です。

181 Orchard Rd. #02-16/17/18/19
Orchard Central
www.visitpact.com

All Photos © Pact

hansel
ハンセル　(P142 B-1)

シンガポールを代表するデザイナーのひとりジョー ソー氏によるブランド。たとえば、シンガポールの団地HDBをモチーフにした幾何学模様のワンピースといった遊び心いっぱいのコレクションが魅力。人と同じものでは飽き足らない個性派の女性にぴったりで、世界のファッショニスタにファンが多いことでも有名。ブランドイメージでもある愛犬のハンセルのイラストもかわいい！

333A Orchard Rd. #02-14 Mandarin Gallery
+65-6836-5367
www.ilovehansel.com

ファッション&カルチャー
に触れたい

Wild Honey
ワイルドハニー　(P142 A-1)

ヨーロッパ、チュニジア、カリフォルニア、バスク、ノルウェーなど、世界17か所の朝食をシンガポールにいながら、いつでも楽しめる人気のカフェ。どのメニューも素材にこだわっていて、ボリュームもあって満足度大なのです。じっくり吟味してオーダーしたい人は、希望すればipadでメニューの写真も見られます。ゆったりリラックスできる空間で、お茶だけの利用でもつい立ち寄ってしまいます。

6 Scotts Rd. #03-01 Scotts Square
+65-6636-1816
www.wildhoney.com.sg
★オールデイ ブレックファースト　S$16〜

Cedele
セデーレ　(P142 B-1)

国内各地で展開する、ヘルシーフードを追求するベーカリーカフェ。トランス脂肪酸やグルテンを含まない素材にこだわったサンドイッチやパスタ、スイーツなどが多彩にそろいます。わたしはランチタイムによく利用していて、お気に入りは数種類から選べるスープ。スープをオーダーすると、いろんな種類の自家製パンをセルフで好きなだけ堪能できて、ついついお腹いっぱいに。パンがおいしいのでサンドイッチもおすすめです。

501 Orchard Rd. #03-14 Wheelock Place
+65-6732-8520
www.cedeledepot.com
★サンドイッチ　S$12〜

Kith Cafe
キースカフェ　(P142 B-2)

インテリアやメニューにこだわりがたくさん詰まった、シンガポーリアンのカフェ好きの間でもファンの多い一軒。ランチに飲みに、よく利用しています。MRTドビーゴート駅前という便利な立地なのだけど、それを感じさせないのんびりとした雰囲気が人気のひみつかも。川沿いのロバートソンキーにある本店もおすすめ。

9 Penang Rd. #01-01E Park Mall
+65-6338-8611
http://kith.com.sg
★サンドイッチ　S$9〜

77

SOUVENIR FROM SINGAPORE
スーベニア フロム シンガポール

＼おすすめ／
ザ★シンガポールみやげ
HIGHT & LOW
S$15以上　　S$10以下

バクテーの素
S$6.10（4袋入り）

シンガポール名物料理のバクテー(P53)の味を家で手軽に再現できる素。作り方は豚肉とにんにくと一緒に煮込むだけとすごく簡単！バクテーの素はいろいろあるけど、これが一番人気です。フェアプライスやコールドストレージといった地元のスーパーで購入可能。

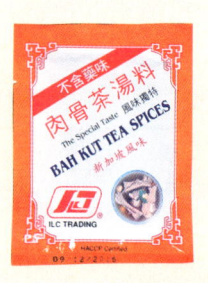

スープレストランの
ジンジャーソース
S$6.35

名物のジンジャーチキン(P52)に添えられているあのソース。おうちで蒸し鶏を作って添えるのもいいし、蒸し野菜や冷奴につけても、炒め物などに加えても！なんにでも合う万能選手です。スープレストラン各店舗で購入可能。

アーユルヴェーダ石鹸
左 S$2.10 / 中 S$2 / 右 S$1.30

アーユルヴェーダの考えにもとづいて作られる自然派石鹸。いろんな種類があるけれど、日本人から人気が高いのがこのマイソール サンダルウッドソープ。乾燥肌や吹き出物によいとされるサンダルウッド(白檀)の高純度オイル配合。とってもいい香りで、洗いあがりはしっとり。日本で買うよりかなりお得！ ------------A

チャイニーズハーブティー
5個 S$6 / 10個 S$11

桂花、茉莉花、百合、ハイビスカスをはじめ、古くから薬用として使われる様々な花や葉、実などを煎じて飲む中国版のハーブティー。このお店ではオリジナルブレンドのハーブが1回分ずつ小分けにされていて、5個、または10個を好みで詰めあわせられます。------------B

78

SOUVENIR from SINGAPORE

アタ製品
コースター 各S$4
ランチョンマット S$10

つややかな飴色で編み目が細かく、100年の耐久性を持つといわれるアタ製品。お土産としては手頃なテーブルウエアが大人気。ほかにカゴやバッグなども種類豊富にそろうので要チェック！
------------C

プラナカンスプーン
各S$3.80

カラフルなパステルカラーと繊細な模様が美しいプラナカン食器のレプリカ。中でもスプーンは小さくてかわいくてお手頃で、お土産にぴったり！------------C

ムレスナ セイロンティー
各S$6.10

スリランカ発の世界有数茶葉メーカー、ムレスナ社のセイロンティー。マーライオンやシンガポールの街並みが描かれたレトロな木箱に入ってとってもかわいい！ティーバッグ25個入り。------------A

SHOP DATE

A 24時間営業のディスカウントストア

Mustafa Center
ムスタファセンター
145 Syed Alwi Rd.
www.mustafa.com.sg

B こだわりの中国茶と茶器が勢ぞろい

王三陽茶荘 Wang San Yang Tea Pavilion
ワンサンヤン ティーパビリオン
2 Orchard Turn #B4-43 ION Orchard
www.wsytm.com
※チャイナタウン、ビボシティにも支店あり。

C 種類の多さと安さで
日本人に人気のお土産やさん

Far East Fine Arts
ファー イースト ファイン アーツ
304 Orchard Rd. #04-58 Lucky Plaza
https://ja-jp.facebook.com/FarEastFineArts

SOUVENIR FROM SINGAPORE
スーベニア フロム シンガポール

\おすすめ/
ザ★シンガポールみやげ
HIGHT & LOW
S$15以上　　S$10以下

TWG
Silver Moon Tea 缶 S$40
1837 Black Tea ティーバッグ S$25

世界最大級といわれる豊富な種類とクオリティーの高さで知られるTWGの紅茶は、どれもネーミングやパッケージが素敵で贈り物にもぴったり。人気の茶葉は、ベリーがほんのり香る緑茶ベースのシルバームーンティーと、ベリーやキャラメルが香る1837ブラックティー。茶葉は量り売りもあります。ティーバッグは、なんと紙ではなくコットン100％！のりなどの接着剤がなく、大きめサイズなので茶葉のおいしさを損なわないそう。
----------A

ブンガワン ソロ フォーラム
S$19.80

いまやシンガポール土産の定番！プラナカン風のデザインの缶に入ったクッキーは、甘さ控えめでファン多数。試食もできるので、いろんな種類の中からお気に入りのクッキーを探してみて。チャンギ空港を含めて国内のいろんなところにお店があるけれど、結構かさばるので、わたしはいつも空港で買っています。
----------B

シンガポール ゴーフル 2個セット
S$18

シンガポール名物のマーライオンとランの花が描かれた缶の中には、日本人におなじみのミニゴーフルが！ご当地感がうれしい、神戸風月堂と髙島屋とのコラボ商品。バニラ、ストロベリー、チョコレートの3種入り。----------D

※ランの缶は、近々パンダやホワイトタイガー、マーライオンなどシンガポールのかわいい名物が描かれたデザインにリニューアル予定。

© Singapore Takashimaya

バンヤンツリーのお香
各S$26

バンヤンツリースパ(P34)併設のギャラリーで販売されている、施術中に使われるオリジナルのお香と、リーフの形をしたお香立てのセット。ローズ、バニラ、ムスク、チャンパカ、フランジパニなど、リラックス効果の高い香りが12種類もそろって、迷ってしまいそう！ほかにもいろんなオリジナルグッズがそろうギャラリーへは、スパを利用しなくても入れます。

80

ワン シンガポール
S$65

マーライオンにマリーナベイサンズ、チリクラブにチキンライスをはじめ、65個ものシンガポールのアイコンが散りばめられた有田焼のお皿。シンガポーリアンのクリエーターとモダンな有田焼を提案する日本のKIHARAがコラボレートしたもので、日本の窯元で作られています。アイコンの意味が分かれば分かるほどシンガポール通！定期的に入荷されるけれど、すぐに売り切れるほどの人気とか。出合えたらラッキー。
------------C

ジャマルカズラ アロマティックスの 香水瓶
各S$25

エジプトの職人が手作りする香水瓶。アラビアンな輝きのガラス工芸は一つひとつ表情がちがって、インテリアとしても人気。いろんなデザイン、大きさ、価格帯のものがそろいます。アルコールフリーの香油とセットで買っても。日本語堪能な店員さんがいるので、いろいろ話を聞きながら選ぶのも楽しい！------------E

SOUVENIR from SINGAPORE

SHOP DATE

A シンガポール生まれの紅茶ブランド

TWG Tea Company
TWG ティーカンパニー

2 Orchard Turn #02-21 ION Orchard
www.twgtea.com
※ほかに多数支店あり。

B マレーの伝統スイーツもそろう人気店

Bengawan Solo
ブンガワン ソロ

チャンギ空港
ターミナル1 & 3（チェックインホール）
ターミナル2は出国審査後の
ツーリストラウンジ
www.bengawansolo.com.sg

C ローカルクリエーターの
作品が並ぶギャラリー

Supermama
スーパーママ

8 Queen St.
Singapore Art Museum @ 8Q
www.supermama.sg

D 髙島屋のオリジナルアイテムがズラリ

Rose Shop@Singapore
ローズショップ @ シンガポール

391 Orchard Rd. Ngee Ann City
Singapore Takashimaya Level1
www.takashimaya-sin.com

E アルコールフリー香水の有名店

Jamal Kazura Aromatics
ジャマルカズラ アロマティックス

21 Bussorah St.
www.jamalkazura.com

81

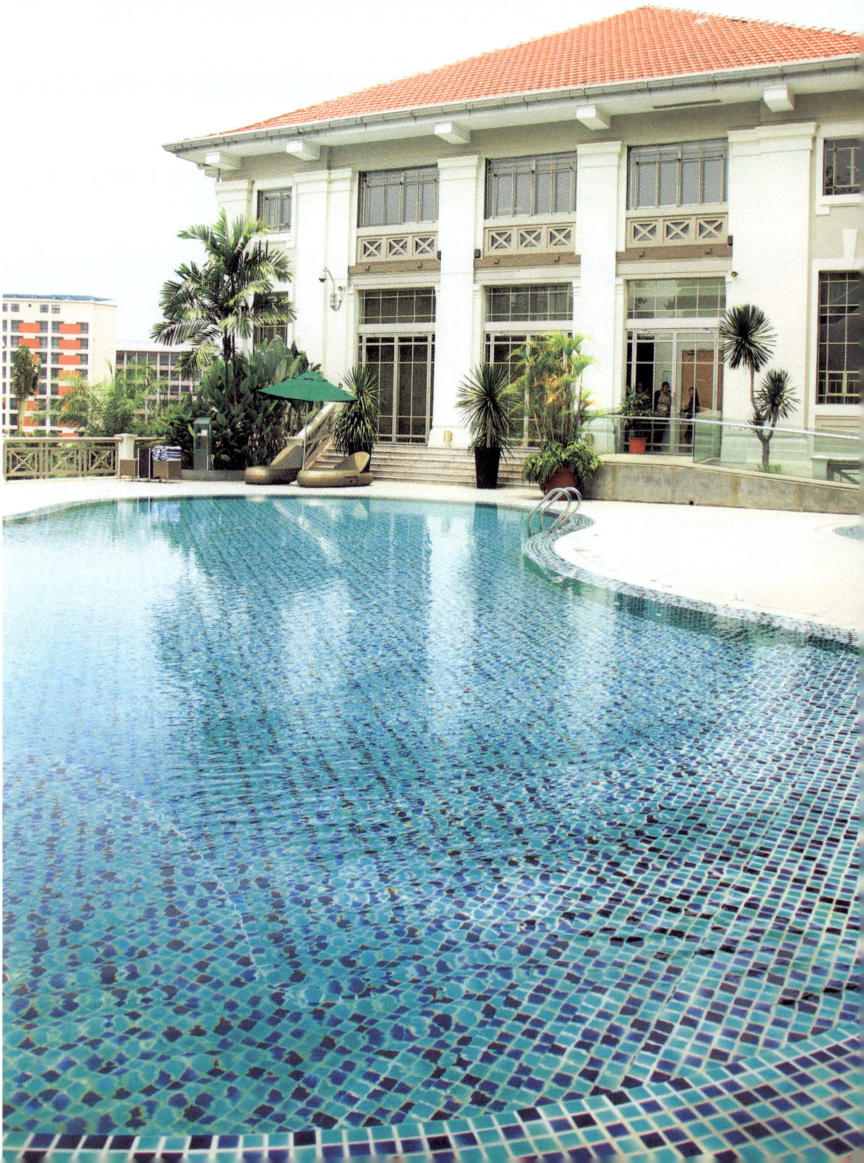

RELAX

ホテル フォートカニング
緑に包まれたカフェ&レストラン
ガーデンズ バイ ザ ベイ
シンガポール ズー

のんび〜り過ごしたい

日本よりずーっとせまいシンガポール、そんなに急がず、詰め込みすぎず、
のんびり、ゆったり旅したっていいじゃない?
緑の中のカフェでピクニック気分を味わったり、自然や動物とたわむれたり。
日本の慌ただしい毎日の中では絶対にできない
羽を伸ばしきった時間の使い方こそ、究極の贅沢だったりして。

P84 Hotel Fort Canning

巣ごもりしたくなる丘の上のホテル

ホテル フォートカニング

オーチャードロードから歩いて5分もすると、突如として深い緑に包まれた丘があらわれます。フォートカニングパークは、市民が集う公園。広場ではコンサートや舞台も頻繁に開催されていて、わたしも時々ピクニック感覚で遊びに行きます。いまや誰もが自由に出入りできる憩いの場ですが、実はここ、かつてはシンガポールの歴史的中心地だったところだそう。14世紀には王族が暮らして要塞を築き、19世紀にはラッフルズ卿が住居を構え、その後のイギリス統治時代には軍の司令本部となり、第二次世界大戦後期は日本軍が駐屯……。公園内を散歩していると、いたるところでそれら歴史の足跡と出合えます。

この公園の中にひっそりと佇んでいた古いコロニアル様式の建築物が、2010年に5ツ星のブティックホテルとして生まれ変わりました。都心とは思えないほど自然に囲まれているこのホテル、客室が86室と少なく、24時間行き届いたサービスを受けられるのが魅力です。街まですぐだというのに、一日中ホテル周辺で過ごしたくなる心地よいくつろぎ感。遊ぶ

のんび〜り
過ごしたい

左上：ホテルのすぐそばには、心地よい鳥のさえずりや風の音を聞きながら、公園をぐるりと散策できる遊歩道が。ここが都心だということを忘れさせてくれます。ビジネス街からも近いので、出張でこんなホテルに泊まれたらオフの時間にリラックスできていいだろうなあ！　右下：緑に包まれたガラス張りのレストラン、ザ グラス ハウスのシグネチャーメニューは、シンガポールラクサやタイスタイルのピザ。ほかにもアジアンテイストを取り入れたいろんなビストロメニューが楽しめます。

時には遊ぶ、休む時には休む、という旅のオン、オフをはっきりつけたい人にはうってつけかも。
宿泊者じゃなくてもホテル内のレストランやスパを利用できるので、散歩がてら気軽に訪れて、のんびりとココロとカラダをやすめてみては？

Hotel Fort Canning
ホテル フォートカニング　(P142 B-2)
11 Canning Walk
+65-6559-6770
www.hfcsingapore.com

緑に包まれたカフェ&レストラン

Halia
at Singapore Botanic Gardens

左下：名物のチリクラブスパゲッティ(S$28/奥)と、シンガポーリアンに大人気のカエルの唐揚げをトッピングしたリゾット風お粥(S$18/手前)。右下：お皿の上にファンタジー！大人気のデザートは、その名もジンジャーガーデン(S$14)。

ジンジャー園にたたずむレストラン

ハリア

昔から、疲れがたまったなと思う時には緑がたくさんある場所に行きたくなります。日本にいたときには、緑を求めて車をビュンと飛ばしたり、電車に長い時間ゆられたり、飛行機でひとつ飛びなんてこともあったけれど、うれしいことに、ガーデンシティとよばれるシンガポールには緑あふれる場所が街のいたるところに！たとえば、巨大なショッピングモールが集中するオーチャードエリアからも、20分ほど歩くと東京ドーム10個以上がすっぽり入る広大なシンガポール植物園(ボタニックガーデン)に行けちゃうのです。

その植物園の中、トロピカルなショウガ科の植物が生い茂るジンジャーガーデンにあるレストラン、ハリアは、自然の中でゆっくり過ごしたい時にぴったりの場所。屋外の席に座ると、文字通り緑に

Halia at Singapore Botanic Gardens
ハリア アット シンガポール ボタニック ガーデンズ　**(P140)**

1 Cluny Rd. Ginger Garden, Singapore Botanic Gardens
+65-8444-1148
www.thehalia.com

右上：オーストラリアで数々の受賞歴を誇る注目のエグゼクティブシェフ、ピーター ローリンソン氏(左)。右下：ひんやり快適な屋内席もガラス越しに一面グリーン！

包まれながらくつろげます。お茶だけでも利用できるけれど、ここは料理がおいしいことで有名なのでごはんの時間に合わせて行くのがおすすめ。素材に徹底的にこだわるシェフが腕をふるうヨーロピアン料理は、隠し味にブルージンジャーやターメリック、マンゴスティンなどを使ってちょっぴりアジアン風味に仕立てられています。ロングセラーのメニューはチリクラブスパゲッティ。ピリ辛の濃厚ソースにカニのむき身がたっぷり！チリクラブは好きだけど、カニをむくのが面倒という人にもうってつけのメニューなのです。ほかにも平日のお昼はランチセット(S$28〜)、週末の15時からはハイティーセット(S$28)が人気。

緑に包まれたカフェ&レストラン

SPRUCE
at Phoenix Park

午後は穴場な森林浴カフェ
スプリュース

テラス席に座っているだけで森林浴ができそうなくらい、目の前が緑、緑、緑……。思わず深呼吸してしまうほどリラックスして過ごせるこのカフェは、平日の昼下がり、遅めのランチをとりながら、またはお茶をしながら、ゆっくり過ごしたい時にぴったり。ランチタイムや週末は賑わうけれど、なぜかこの時間帯には人が少なくて落ち着けるのです。オーチャードエリアからほど近いのにこんなに緑に囲まれて、なんだかプチトリップ気分まで味わえます。

のどかな雰囲気に加え、敷地内には子供が遊べるプレイグラウンドもあるので、ママたちのグループにも大人気。かと思えば、あっちでは仕事のミーティングが行われていたり、こっちでは休日ス

のんび〜り
過ごしたい

SPRUCE at Phoenix Park
スプルース アット フェニックスパーク　**(P141 D)**

320 Tanglin Rd.
+65-6836-5528
www.spruce.com.sg

モダンアメリカンをテーマにしたメニューはどれも豪快！ツナバーガー(S\$24/左頁右上)はビールによく合うお気に入り。まぐろのタルタル(S\$22/右頁左上)は、みんなとシェアする時にぴったり。デザートでおすすめはベイクド ジンジャー デート プディング (S\$15/右頁右下)。

タイルの白人のおじさんがお酒を飲んでいたりと、お客さんの層も用途もいろいろ。だから、ひとりでごはんを食べるのだって、半日くらい本を読みふけるのだって、友達とマシンガントークを繰り広げるのだって、人目を気にせず思う存分楽しめるのです。それだけで、なんたる解放感！
メニューはスイーツ系からハンバーガーやパスタなどの食事、お酒に合うタパスまでいろいろそろいます。平日の15時半から19時半まではハッピーアワーでビールやワインが安くなるので、昼間からちょっと一杯、っていうのもいいかも。

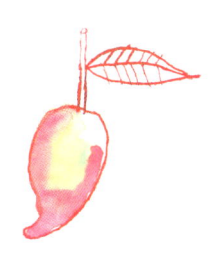

89

緑に包まれたカフェ&レストラン

Artichoke Cafe+Bar

異国風情ただよう中東ごはんカフェ

アーティ チョーク カフェバー

なんだか、ひみつのアジトみたい!というのが入り口の印象。もともと教会として使われていて、いまはアートギャラリーとなっている建物の敷地内を奥へ奥へと進むと、急にこんもりと緑に囲まれたスペースがあらわれます。ちょっと見つけにくいここが、人気のカフェ、アーティ チョーク カフェバー。中に入ると、壁一面にアートな落書き。各席にもうけられた椅子の種類はバラバラ。だけどなぜか統一感があって落ち着いた雰囲気なのです。ここでいただけるのは、トルコやモロッコをはじめエキゾチックな中東の国々の料理。カフェバーといっても、料理はレストランのように本格派

のんび～り
過ごしたい

Artichoke Cafe+Bar
アーティ チョーク カフェバー　(P143 B-3)

161 Middle Rd. Sculpture Square
+65-6336-6949
www.artichoke.com.sg

右下：チュニジアやイスラエルなどで食べられる家庭料理ラムのシャクシューカ(S$26/手前)は具だくさんでスパイシー。アツアツの状態で、とろける半熟卵をくずしながらいただきます。スクランブルエッグ＆ベーコン(S$20)のベーコンはステーキみたいで人生で食べた中で一番分厚かったです。ワイルド！

です。そうそう、旅先のキプロスではまった名物のハルミチーズ(塩気とモチモチ食感がたまらない)、あまり出回っていなくてもう食べられないかと思っていたら、なんとここで再会してビックリ。ほかにもいろいろめずらしい料理と出合えて新鮮です。
シンガポールにいてシンガポールじゃないみたいな、不思議な気分を味わえて、ついつい長居してしまいます。スタッフの人たちの接客がきびきびとしていて、とてもていねいなのも心地いい。わたしがシンガポールで一番好きかもしれないカフェです。

91

緑に包まれたカフェ&レストラン

Chopsuey Cafe

ありそうでなかった中華カフェ
チャプスイ カフェ

ガーデンカフェといえばPSカフェ、というほど元祖的なお店がデンプシーヒルにあります。本当に森の中にいるような気分になれるその雰囲気がわたしも大好き。勝手にテーマをつけるとすれば「ヨーロッパの郊外で過ごす休日」というかんじ。オーチャードなどにも支店がありますが、あんまり好きで一時期通いすぎてしまって、最近はめっきり足が遠のいていました。

が！このPSカフェが同じデンプシーヒルにチャプスイ カフェという新しいスタイルのカフェをオープン。いまはそちらにお熱なんです。雰囲気は本家のPSカフェを踏襲。緑に囲まれ、壁にはメニューが書かれた黒板、カウンターには目を見張るほど大きなケーキ、そして、フロアには両手にかかえきれないほどの巨大な

のんび〜り
過ごしたい

Chopsuey Cafe
チャプスイ カフェ　(P141 D)

Block10 Dempsey Rd. #01-23
+65-9224-6611
http://chopsueycafe.com
PS Cafe www.pscafe.com

ランチタイムにはサンドイッチや麺類、炒飯などのワンディッシュメニューも人気。わたしのお気に入りは、ブロッコリーやカリフラワー、アスパラ、ひまわりの種などカラダによい食材をふんだんに使ったスーパーフードのフライドライス(S$19/左頁左下)。

フラワーアレンジメントが飾られています。本家と何がちがうのかというと、チャプスイという店名にヒントが隠れています。これは、戦前にアメリカで親しまれていた手軽な中華料理のことを指すのだとか。そう、こちらのメニューの中心は中華なのです！手軽といえども、味わいは舌が肥えたシンガポーリアンも満足する本格派、盛り付けはカフェ風にというのがチャプスイ カフェ流。PSカフェと同じく、料理はすべてひとりでは食べきれないほどの豪快なサイズなので、何品かオーダーしてシェアするのがおすすめです。ランチやブランチタイムには、評判の手作り点心も種類豊富に楽しめますよ。

緑に包まれたカフェ＆レストラン

Alkaff Mansion

Ristorante

邸宅レストランで過ごす特別な時間
アルカフマンション

シティエリアからタクシーに乗って10分ほど。国道から林道のようなところに入ってしばらくすると目の前にとつぜん大きなお屋敷があらわれます。テロックブランガの丘に建つこの瀟洒な邸宅は、アルカフマンションと呼ばれる歴史的建造物。貿易や不動産業などを手がけた大富豪のアルカフファミリーが1920年頃に別宅として建築したもので、いまはイタリアンレストランに生まれ変わっています。

タクシーを降りると、まずは深紅の絨毯がひかれた階段がお出迎え。ここからもう、贅沢な時間のはじまりです。胸を高鳴らせながらその階段を上がり、庭を通って邸宅内に入ると、大きなシャンデリ

のんび〜り
過ごしたい

Alkaff Mansion Ristorante
アルカフマンション リストランテ　**(P140 B)**

10 Telok Blangah Green
+65-6510-3068
www.alkaff.com.sg

右上:シグネチャーメニューのひとつ、魚介がたっぷり入った ホームメイドのイカスミタリアテッレ トマトソース(S$32)は、オーブンで包み焼きにするカルトッチョスタイルで旨味が凝縮。昼間であればランチセット(S$36)があり、意外と気軽にシェフの味を楽しめます。ほかにアフタヌーンティー(平日S$26/土曜日S$40)や日曜日限定のプロセッコブランチ(S$88)もおすすめ。

アと特注の調度品に彩られた大人の空間が。特別な日にもふさわしい素敵な雰囲気に、女性なら誰もがときめいてしまいそう。そんな空間で楽しめるのは、サルディーニャ島出身のシェフが腕をふるう自然の恵みたっぷりのイタリアン。バターやワインを多用せずに食材の旨味を存分にいかした料理は、どこかほっとする味。こちらに住む日本人のファンも多いんです。街の喧騒を離れて、ゆったり、優雅なひとときを味わいに、わざわざ出かけたいレストランです。

右上:高所恐怖症じゃなければ、2本のスーパーツリーをつなげる空中回廊を歩くのもおすすめ(S$5)。
左/右中:クラウドフォレストには涼しい高地帯の植物が集合。いちめんに花が植えられている巨大な人工の山は、なんとも幻想的でジブリ映画に出てきそう!ここにも高所恐怖症泣かせの空中回廊があります。
夜の風景はSFチックで、シンガポールの新名所になっています。

のんび〜り
過ごしたい

手に汗にぎる!?
エキサイティングな植物園

ガーデンズ バイ ザ ベイ

たくさんの花と緑に触れてのんびり……もできるけれど、テーマパークのような感動と興奮も味わえて一挙両得なかんじ。新名所のガーデンズ バイ ザ ベイは、エンターテイメント性の高い植物園なのです。ランドマークは、どどーんとそびえ立つ18本もの人工の巨大木に、ガラス張りのふたつのドーム。この「ワタシ、ただの植物園じゃないんです」っていう自己主張からしてスゴイです（マリーナベイサンズのすぐ隣という立地もスゴイですけどね）。

そんなちょっと近未来的な植物園、花や植物を愛でながらブラブラ散歩するだけでも十分楽しめます。疲れたらカフェに入ってお茶もできるし、フラワードームの中にあるミシュランシェフのレストラン、ポーレンや、スーパーツリーのてっぺんにあるレストラン、インドシンで景色と一緒に料理を味わうのもおすすめ。暑いのが苦手な人は、ひんやり涼しいドーム型植物園の中へ。ドームはふたつあるけれど、わたしは高さ35メートルもの大きな人工の山を植物鑑賞しながら探索できるクラウドフォレストの方が大好き！ 足を踏み入れた瞬間、大きな滝がお出迎え。ひんやり涼しくて、マイナスイオンをたっぷり感じられます。実はこの場所、シンガポールの中でも風水的にかなりエネルギーの強い場所なんですって（某有名風水師の先生に教えてもらいました）！ 植物と風水のパワーをもらいに、ぜひ行ってみて。

Gardens by the Bay
ガーデンズ バイ ザ ベイ　(P143 C-4)
18 Marina Gardens Dr.
+65-6420-6848
www.gardensbythebay.com.sg

★植物園は入園無料。ドームの入場料はクラウドフォレストとフラワードーム、セットでS$28

わたしが一番好きなのは、2013年にリニューアルされたホッキョクグマのコーナー。ここにいるイヌーカはなんとシンガポール生まれ。世界ではじめて動物園での繁殖に成功したのだそう。暑さに弱いからほとんど室内にいるのだけれど、何時間かに1回は出てきて無邪気に水の中で遊ぶ姿を見せてくれます。

動物たちが近すぎ！
大人も夢中になる動物園

シンガポール ズー

「動物園だなんて、子供じゃないんだから……」と、はじめて訪れたときにはあなどっていました、わたし。結果、その時一緒だった姪たちよりもはしゃいで大興奮。その後、何度も何度も、誰かが来るたびに通っています。そのくらい、魅力的な動物園なのです。

熱帯雨林のジャングルを切りひらいて造られたこの動物園には、あるはずの何かがありません。それは檻や柵！ 植え込みや水路、生け垣をうまく利用して、動物が出られないように工夫されているのです。そして、自然の環境に近づけた広いその敷地の中で過ごす動物たちは、せまい柵の中で退屈そうに寝ている動物とはぜんぜんちがう、イキイキとした動きと表情。さらに、上を見ればオラウータンが木の枝渡りをしていたり、木

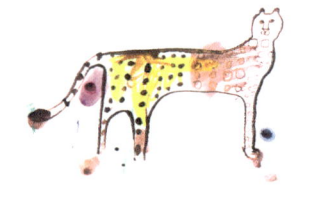

のんび〜り
過ごしたい

象のショーは必見!象たちが調教師さんと絶妙な掛け合いを繰り広げながら大きな丸太を水の中に落としたり、運び出したり。かしこく、ユーモラスな象の勇姿に拍手の嵐です。

Singapore Zoo
シンガポール ズー　(P140)

80 Mandai Lake Rd.
+65-6269-3411
www.zoo.com.sg

★大人S$33 /子供S$18
トラム乗車料:大人S$5 /子供S$3
※ウェブサイトでチケットを購入すると割引あり。

の茂みにサルが隠れていたり、川の中に全長5メートルものワニが横たわっていたり……、いたるところでサプライズが待ち受けています。象の背中に乗って散歩ができたり、キリンにエサをあげられたり、動物たちと触れ合うチャンスもたくさん。もう、毎回ドキドキ、ワクワクさせられっぱなしなのです。シンガポールにまで来て動物園?ではなく、シンガポールに来たから動物園!です。トラムだと2、3時間でダイジェスト的にまわれるので、ちょっと遠いけれどもぜひ。動物大好きな人は、隣接するリバーサファリやナイトサファリもまわれば、一日中動物ウォッチを楽しめますよ。

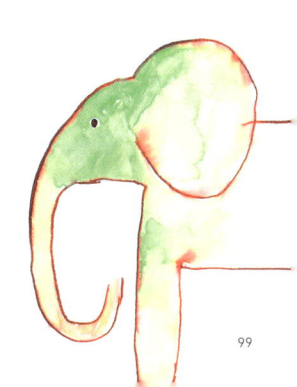

HEALTH

エスパ
アラムサ～ザ ガーデンスパ
伝統的マッサージのススメ
シンガポールでヘルシー食習慣

ココロとカラダを磨きたい

P102 ESPA

ココロとカラダを磨きたい

旅先では食べすぎや歩きすぎ、寝不足などで、ついつい体を酷使しがち。
だけど、うっとりするほど贅沢なエステで、肌もココロもピカピカに、
世界各国の伝統的なマッサージでカラダを揉み込まれてリラックス、
野菜たっぷりのヘルシーごはんでカラダの中からリフレッシュ……。
シンガポールでは、旅しながらだってきれいに健康になれるのだ!

左：おすすめは、頭の先から足の先まで全身ブクブクと泡に包まれながらのマッサージを堪能できるインダルジェンス ハマム リチュアル(60分)。心地よさに眠りに落ちそうになった頃にザパンとお湯で泡をすすがれると、ツヤツヤ、スベスベの肌があらわれます。ボディスクラブ、ヘアクレンズ、海泥マスク、スチームサウナつき。

ココロまで解きほぐされる
至福のスパジャーニー

エスパ

「旅の中で、エステを受けることがなによりの楽しみ！」という方に、絶対おすすめのスパがあります。自然に包まれたエスパ アット リゾート ワールド セントーサ。エスパは、スパ界の第一人者としてその名が知られるスーザン ハムズワース氏が設立したイギリス生まれのスパブランドで、自然派のプロダクツは世界の一流スパでも愛用されています。ここセントーサはアジア旗艦店で、なんとその広さは1万平方メートル!! 広大な敷地の中には、トリートメントルームやジャグジー、プールはもちろん、ジムやヨガスタジオ、ネイルサロン、さらにはヘルシーレストランや宿泊もできるヴィラまであって、もはやスパというより高級リゾートホテルなのです。

フェイシャルからボディまで多彩にそろうメニューのなかでも、イチオシはハマム トリートメント。シンガポールで初めてトルコ式ハマムの設備を導入していて、本格的なハマムを体験できるのです。湿度の高い空間にあるあたたかな大理石ベッドに横たわりながら、エスパの厳しいトレーニングを受けた一流のセラピストによるボディスクラブとマッサージで、全身をピカピカに磨いてもらえます。

エスパのすばらしさは、トリートメントの前後にもたっぷりと！施術前には、温泉やジャグジー、サウナなどで1時間ほどウォーミングアップ。施術後には、自然の中でゆったりお茶をしたり、飛行機のファーストクラスのような個室ベッドで仮眠をとってクールダウン……。たとえば60分のトリートメントをチョイスしても、前後1時間ずつのリラクゼーション付きというわけなのです。エスパの素敵な"スパジャーニー"、ほら、体験してみたくなったでしょ？スパ内のヴィラやリゾートワールドセントーサグループのホテル、エクアリアスホテルに宿泊をしてトリートメント、フィットネス、ヘルシーな食事の3本柱で体質改善をはかるプラン、ライフスタイル リトリートも人気です。

ESPA at Resorts World Sentosa
エスパ アット リゾート ワールド セントーサ　(P140)
8 Sentosa Gateway Resorts World Sentosa
+65-6577-8880
www.rwsentosa.com/ESPA

★インダルジェンス ハマム リチュアル(60分)　$225
★ホリスティック ライフスタイル リトリート プログラム(1泊〜)　S$718〜
※サウナ、ジャグジー利用には水着が必要です。

© ESPA

左：バラの花びらが浮いたお風呂は女性の憧れ！ミルク＆ローズバスS$60
フラトンホテルの中にもザ スパ アルチザンを展開していて、同じメニューを提供。ただ、ホテル内とあって豪華な雰囲気な分、ちょっとお値段はお高めです。

ガーデンスパ＆カフェで内外美容

アラムサ～ザ ガーデンスパ

街中からタクシーで20分ほどの郊外にあるビシャンパークの真ん中に、ローカル女性から絶大な人気を誇るスパがあります。トロピカルな木々や花に包まれたアラムサ～ザ ガーデンスパ。ここのトリートメントルームが素敵なのです。すべての個室に小さな庭がついていて、その庭にシャワーやバスタブがある部屋も多く、まるでリゾート地のような解放感を味わえます。さらに植物や泥、ヨーグルトなどの天然素材の成分を使ったセラピーも豊富。自然の恵みをたっぷり感じられるスパなのです。もちろんマッサージの腕も抜群。スウェディッシュや指圧などのベーシックなメニューのほかに、東西の技術を融合させたアラムサタッチ、ハワイアンマッサージに基づいたフナフナ、深い層の筋肉に働きかけるインナーレスピットなどなど、個性的なマッサージも多数。気分に合わせて選べます。

施術後は、ラウンジでお茶やオーガニッククッキーのサービスもありますが、せっかくだからローフードを中心に楽しめる併設のグリーンルームカフェで食事してみては？カラダの内と外の両側からきれいを目指せます。

Aramsa～The Garden Spa
アラムサ～ザ ガーデンスパ　(P140)

1382 Ang Mo Kio Ave. 1 Bishan Park 2
+65-6456-6556
www.aramsaspas.com

★マッサージセラピー(60分)　S$108～
★シグネチャーガーデンパッケージ(150分)　S$250

伝統的マッサージのススメ

シンガポールはマッサージ天国。中国、インド、タイ、韓国をはじめとする世界各国で古くから伝わる伝統的なマッサージを提供するお店があちらこちらにあって、気軽に、お手頃価格で受けられるのがうれしい。そういうマッサージってエステサロンとちがって力加減は容赦なく、気持ちいいというより痛いのだけど、マッサージ後は驚くほどスッキリ！長年継承される秘技のすごさを感じます。

> 神業的！

中国伝統の推拿(すいな)マッサージ

押したり、もんだり、さすったり、つまんだり、振動を与えたり……、実にいろんな手技を使って全身の経絡やツボを刺激する、中国伝統医学に基づいた推拿というマッサージを受けられる治療院。施術師の蘇先生は体に触るだけでどこが悪いのかが分かってしまうくらいの大ベテラン。片言の日本語が話せるからツーリストからも人気のよう。わたしも蘇先生のマッサージにほれ込んでいるひとりで、シンガポールに来てすぐからずっとお世話になっています。

この推拿マッサージ、休む間もなく手や指や肘を動かして、全身くまなくほぐしてくれるのですが、その力強さったら……‼ コリをほぐすだけでなく、背中に集中している内臓に影響するツボをこれでもかと、かなりの力強さで刺激して体調を整えてくれるのです。
施術後は、疲れや不調がカラダからスッキリ抜けたような爽快感。つらい肩こりの症状も胃痛も頭痛も一気に引いていくから不思議！※頼りになる一軒なのです。

※あくまでわたしの場合です。

Ancient Chinese Wellness Centre　古方推拿保健中心
アンシェント チャイニーズ ウェルネス センター　(P141 E)
Blk7 #02-109 Tanjong Pagar Plaza
(オーキッドホテルの向かいのビルの2階東角)
+65-6323-1098(要予約/水休)

★推拿マッサージ(60分)　S$65
　(施術時間内でのカッピングや鍼の追加は無料)

ココロとカラダを
磨きたい

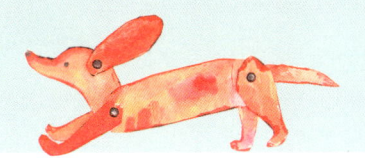

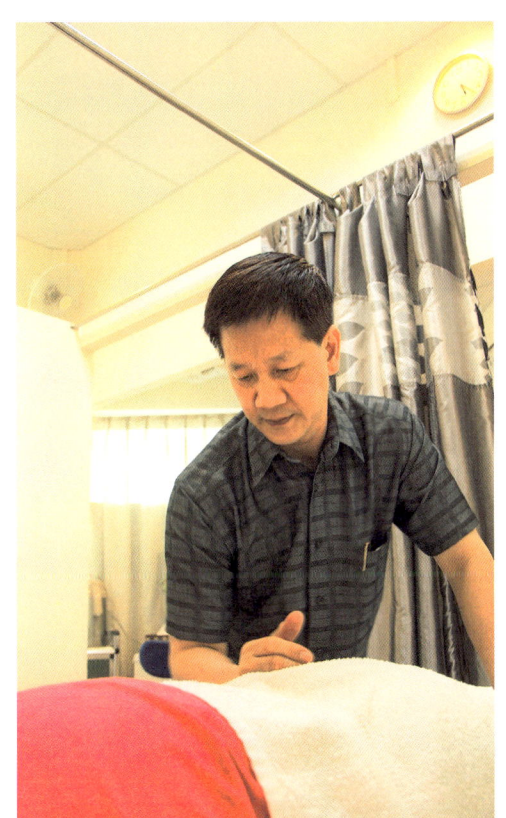

わたしはいつも推拿マッサージにカッピングをプラス。カッピングは、毛細血管で滞っているドロドロ血を皮膚の表面へと吸引するもので、血液の浄化、血行促進、老廃物の排出など、いろいろなうれしい効果が。症状によっては鍼治療、漢方処方などもあります。

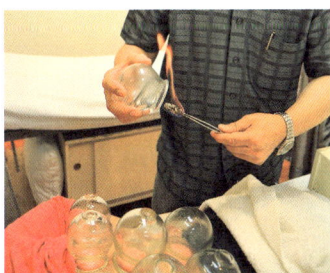

> 歩き疲れにはこれ！

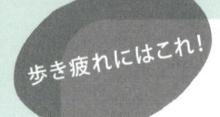

足裏マッサージ

人間工学に基いて設計された特製チェアでサービスを受けられるのもこちらの魅力。隣の席との間も広く、ゆったりくつろげます。国内外の有名人もたくさん通っているのだとか。

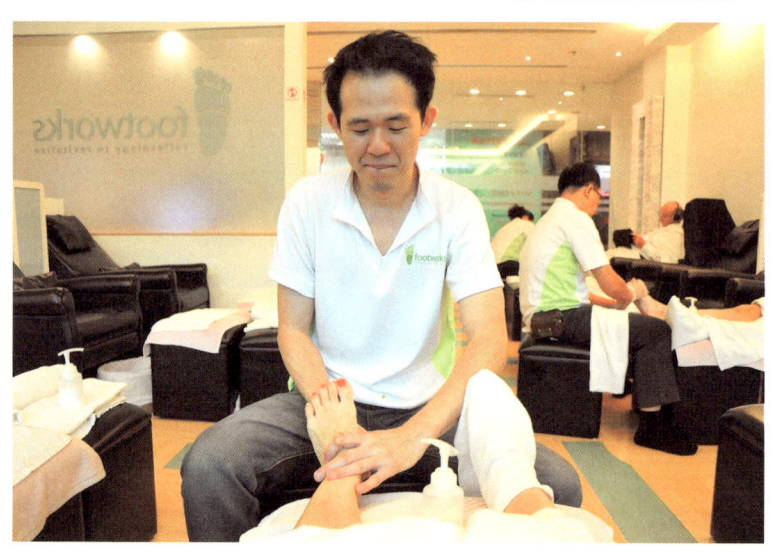

旅も終盤にさしかかると足の疲れが出て大変。そんな時には足裏マッサージがいちばん！シンガポールでは街のあちらこちらで足裏マッサージ店と出会えます。たとえばチャイナタウンには45分でS$20くらいの激安足裏マッサージ店がわんさかあるのだけれど、かなりのローカルなサービスと雰囲気にあんまりリラックスできないのが残念なところ。それでわたしが日本から来た家族や友達を案内しているのが、オーチャードにあるフットワークス。清潔感あふれる雰囲気のなか、経験豊富なベテランセラピストたちが一人ひとりの体調や好みに応じてマッサージをカスタマイズしてくれます。マッサージ前のフットバスがイスラエルの死海の塩入りというのもうれしい。血行を促してくれるうえ肌がしっとりすべすべに。さらにスクラブ付きのコースを選べば、死海の塩で足の古い角質をていねいにケアしてくれて、かかとのゴワゴワも一度でツルリン！なのです。

マッサージでは、全身のツボが集まる足裏を重点的に刺激してカラダをケアするのはもちろん、ふくらはぎも徹底的にもみほぐしてくれるので、歩き疲れによる痛みやむくみがどんどん軽くなるのを実感。仕上げに腕や首、背中までほぐしてくれます。全身リフレッシュできるから、きっと最後まで観光を楽しめるはず。

Footworks フットワークス　(P142 A-1)
360 Orchard Rd. #01-04/05/06
International Building
+65-6737-3555
www.footworks.com.sg

★フットリフレクソロジー
　(腕、肩、背中マッサージ付き)
　死海の塩のフットバス付き(45分)　S$60〜
　死海の塩によるスクラブ付き(50分)　S$75〜

ココロとカラダを
磨きたい

世界で一番
気持ちいい!?

タイ古式マッサージ

タイ古式マッサージには、血行とリンパの流れの促進、老廃物の排出、筋肉の柔軟性のアップなどのうれしい効果が。さらに、ストレッチで筋肉がほぐれることで自律神経のバランスも整うそうで、とってもリラックスできるのです。

川沿いに、ショップハウスを利用したレストランやバーが軒を連ねるボートキー。そんなナイトスポットの真ん中に、おすすめのタイ古式マッサージサロンがあるんです。
タイ古式マッサージというのは、指圧やストレッチ整体の要素をたっぷり含むタイ独自の伝統的なマッサージ法。「二人ヨガ」と呼ばれるアクロバティックな動きを随所に取り入れながら、足元から全身にかけてをもみほぐしてくれます。なんでも「世界で一番気持ちいいマッサージ」ともいわれているんですって!実は前に一度、技をかけられてる?ってくらい勢いよくバキバキ!と体をほぐすタイ古式マッサージのサロンに行ったことがあって、恐ろしい思いをしたのだけど、このサロンのマッサージは、まったくもって心地よくって途中で何度も睡魔に襲われるほど。実は「Sabaai Sabaai」というのは、タイ語で心地いい〜という意味なのだそうです。納得!

Sabaai Sabaai Traditional Thai Massage
サバイサバイ トラディショナル タイマッサージ　(P142 C-2)

49A Boat Quay Level2 (レストランの入り口脇の階段を上がる)
+65-6536-3306/+65-9337-3715(要予約)
www.sabaaisabaai.com

★タイ古式マッサージ(45分)　S$58
　　　　　　　　(60分)　S$68
※他にもいろいろメニューがあって、お疲れ具合に合わせて選べます。

109

> 韓国伝統の
> 小顔マッサージ

リンパ経絡フェイシャル

美容先進国である韓国で豊富な経験を持つ韓国人シラさんが経営するエステサロン。こちらの看板メニューのフェイシャルは、リンパと経絡に沿って刺激しながら凝り固まった筋肉をほぐし、老廃物の排出を促す韓国式マッサージ。初めて受けた時は衝撃でした。フェイシャルといえば、やさしく心地よいものだと思い込んでいたけれど、このリンパ経絡フェイシャルはものすごい圧力で筋肉をグリグリ、ゴリゴリほぐしたり、顔がふっとぶかと思うほどの勢いでリンパを流したり、とにかくゴーカイ！痛いのだけどほんのり気持ちよくもあり、足裏マッサージの顔版のような……。

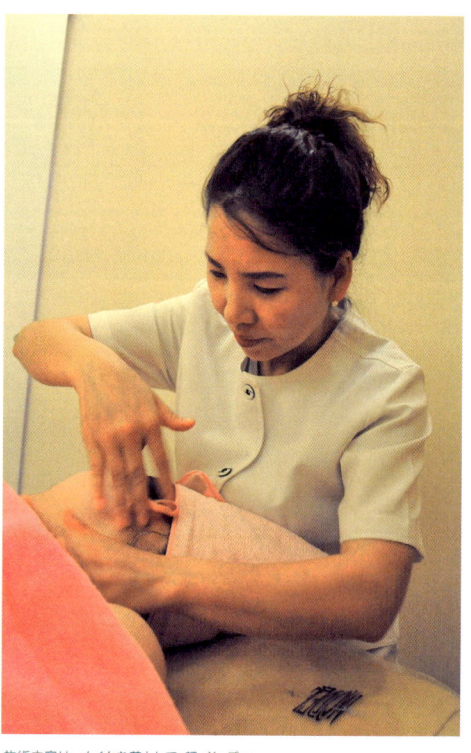

そして90分の施術が終わって鏡を見ると、あれ？あれれ?!肌がワントーン明るくなって、気にしていたくすみやクマが目立たない！ゆるんだフェイスラインもキュッと引き締まっている!! 美容マシンを使わないのに、ここまで目に見える効果があることに感動したのでした。※こちらのサロンには「多少の痛みで小顔と美肌が手に入るなら、いくらでもガマンできる！」と足繁く通うファンが多数。日本ではなかなか味わえない痛みと効果を味わってみませんか？スリミング効果バツグンの経絡ボディマッサージもおすすめですよ。　※あくまでわたしの場合です。

施術内容は、メイクを落として、顔、首、デコルテ、背中までをくまなくマッサージ。その後、美容成分たっぷりのマスクを20分程度。マスクはひんやりと冷たいので肌がクールダウンされる感じで気持ちいい！

Korean Beauty Centre
コリア ビューティセンター　(P142 B-2)
+65-6734-6037
11 Cavenagh Rd. #01-07 Holiday Inn Singapore Orchard City Centre
www.koreabeauty.com.sg
★経絡フェイシャル(80分)　S$130

ココロとカラダを
磨きたい

本場流
アーユルヴェーダ！

アヴィヤンガ

少し難易度は高いのだけど、興味がある人も多いと思うのであえて紹介しちゃいます。リトルインディアにある、インドの伝承医学アーユルヴェーダのセラピーを受けられる治療院。アーユルヴェーダといえば、日本ではエステサロンのようなところも多いけれど、ここはシンガポールに住むインドの人たちが体調を崩した時などに来るところ。アーユルヴェーダの医師や本場ケララ出身のセラピストが多くそろい、薬の処方もしています。

代表的なセラピーは、医師が体質に合わせて選んだ薬草オイルを使ったアヴィヤンガというオイルマッサージ。あたためた薬草オイルを全身の肌にすりこむことで、体内に溜まったアーマ(毒素)の排出を促してくれます。ここで受けられるのは本場さながらのセラピーなのだけど、この本場流というのがクセモノで……。セラピーを受けるのは木のかたいベッド、気持ちがいいけれどけっこうあらっぽい施術で、タオルもなにもかけられずにすっぽんぽん状態(正確には小さな紙パンツ1枚)でオイルまみれになります。さらに施術後もオイルの薬効が続くためにタオルで拭きとるだけ。オイルでベタベタ、薬草くさい肌のまま街へ繰り出さなければいけません。日本のエステを想像して行った人からは確実におしかりをうけそうな……。だけど、腕は確かなんです。わたしはしばらくデトックスのために通って、ほんとに体調がよくなりました。この本場流がツボな人はぜひとも体験してみて！日本に比べると格段にお安いのも魅力です。

初診の場合は医師が脈診などで体質(ドーシャ)を診断して生活スタイルや食べ物についてアドバイスしてくれます。ここでちょっと英語が必要だけど、なんとかなります。難易度が高い理由はその後のセラピーなので……。

Ayush Ayurvedic
アーユッシュ アーユルヴェディック　(P143 A-3)

146 Race Course Rd.
+65-6398-0415
http://ayurvedasg.com

★アヴィヤンガ(60分)　S$50
※医師による診断は無料
※人気のシロダーラをはじめ、ほかにもいろんなメニューがあって、医師が体質に合わせてアドバイスしてくれます。

111

HEALTH

シンガポールで
ヘルシー食習慣

カラダによいものをとことん！の スローフードカフェ

リアルフード

シンガポールでの外食って、だいたい脂っこくて野菜が不足しがちだし、量が多いからつい食べ過ぎてしまうもの……。外食が続くと、胃腸の調子が悪くなるし、なんだか罪悪感もつのります。外でも野菜中心のヘルシーな食事でほっこりしたい時におすすめなのが、わたしがひとりでもよく立ち寄るこちらのカフェ。一見ふつうのカフェのようだけど、実は「カラダは毎日の食事から作られる」という考えのもとに、カラダにやさしいベジタリアンのスローフードを徹底的に追求する骨太なお店なのです。野菜から調味料まで、使用するほとんどの素材がオーガニック。ドレッシングやソースにいたるまで加工品や化学調味料は一切使わず、手間ひまをかけていちから手作り。どの料理もオーダーが入った段階で作りはじめるそうで、ちょっと時間はかかるけれど、いつでもできたてのフレッシュな状態を楽しめるのがよいのです。

ここまでこだわっているのに、値段はかなり良心的。飲食店にはめずらしく、10%のサービス税がかかりません！ メニューだって、サンドイッチやパスタ、ピザ、スイーツなどのカフェメニューからローカルフードまで幅広いうえ、2、3ヵ月に一度入れ替わるというのも新鮮。近所にあれば毎日でも通いたいカフェなのです。

Real Food
リアルフード　（P142 B-2）

110 Killiney Rd. Tai Wah Building
+65-6737-9516
www.realfoodgrocer.com
※他にも支店あり

上：ポートベローバーガー(S$13.80/手前)、かぼちゃのスープ(S$8.80/奥)、ABCジュース(S$7.80)。オーガニックにこだわるだけでなく、防腐剤、保存料、着色料、トランスファット、加工食品、バターなどを含む素材は徹底的に排除しているそう。

左下：併設のグローサリーでは、生野菜、全粒穀類、スキンケア、サプリ、お茶などのオーガニック製品を販売しています。

ココロとカラダを
磨きたい

113

HEALTH

シンガポールで
ヘルシー食習慣

> お昼はデザート付きの
> セットランチ(S$26)がおすすめ！

ベジタリアンな地中海料理で
野菜をおいしく、たっぷり

オリジナル シン

ベジタリアンレストランの中でもわたしのまわりでファンが多いのがここ。日本でベジタリアンといえばあっさり、シンプル、ヘルシーな料理でちょっと物足りないイメージ。一方、シンガポールでは油ギトギトのこってり中華が定番。でも、こちらは本格的な地中海料理というのに野菜がたーっぷり、そしてなんといってもお酒とよく合うというのがわたし好みです。メニューはイタリア人の両親のもとオーストラリアで生まれ育ったベジタリアンの女性シェフが考案。肉や魚抜きの食事であることを忘れさせてくれるほどの満足度の高さで、ベジタリアンの人はもちろん、そうでない人にも大好評です。実はここ、シンガポールの老舗イタリアン、ミケランジェロスの系列店。だから味も盛りつけもさすが!!の域なのです。

たったひとつの難点は、シティエリアから少しだけ遠いということ。それでも、タクシーなら10分程度、MRTでも20分ほどのエリアなので、野菜が恋しくなったらぜひぜひ足を延ばしてみてください。

Original Sin
オリジナル シン　(P141　C)

Blk 43 Jalan Merah Saga #01-62
Chip Bee Gardens
＋65-6475-5605
http://www.originalsin.com.sg

上：メインのおすすめは、地中海風豆腐ハンバーグ、ボスコミスト(S$28/手前)。風変わりなハンドメイドパスタにごろごろ野菜を合わせたストロッツァプレティー(S$26/奥)も人気。
左下：お酒を飲む時にいつもオーダーするのがメゼプラッター(S$24)。ピタブレッドをハマスやザジキ、なすのペーストなどにディップしていただきます。

ココロとカラダを
磨きたい

HEALTH
シンガポールで ヘルシー食習慣

ついごはんを抜いてしまいがちな朝の心強い味方

ジューサーを洗ったりするのが面倒で、結局続かないフレッシュジュース習慣。だけど、シンガポールにはオーダーするとその場でジューサーで絞ってくれるフレッシュジューススタンドがいたるところにあって便利なのです。しかも南国だからフルーツが豊富で、おいしくて、リーズナブル！どれもたっぷりの量でだいたいS$2〜3です。

お店に並ぶのは、リンゴやオレンジなどの定番から、ドラゴンフルーツやグアバなどのトロピカルフルーツまで多彩。健康のために、にんじんやセロリなどの野菜とフルーツを組み合わせたりして自分の好みをみつけている人が多いみたい。

だけど、せっかくフルーツ好きにとって天国ともいえる南国に住んでいるというのに……、残念なことにわたし、フルーツアレルギーなんです。だから、いつもオーダーするのはキャロットジュース。そりゃあ、みんなみたいにミックスしたり、未知のフルーツに挑戦してもみたいけれど、キャロットジュースの意外な甘さ、おいしさに、今はもう虜です。だいたいジュース1杯で、ニンジン2〜3本くらい使っていて、βカロチンたっぷりだしね。まわりのみんなのお気に入りは、ニンジン、リンゴ、オレンジの組み合わせ。私は飲んだことがないけれど、ハマるおいしさだとか。ぜひお試しを。

コーヒーの代わりに豆乳
飲んでおいしく、キレイに、健康に

豆乳って体によいと分かっていながらも、わざわざスーパーでパックを買ってまでは飲もうとは思わなかったのですが、シンガポールで暮らしてからけっこうな頻度で飲むようになりました。というのも、こちらには街角に豆乳を売っているお店がたくさんあるから！

一番有名なのがミスタービーンという、街のあちこちにある豆乳専門のチェーン店。シンガポール生まれのこのお店、しぼりたての豆乳のほか、豆花(トーファ)や豆乳を原料にしたパンケーキ、ビスケット、ソフトクリームなどのスイーツも充実。豆乳も温度や甘さを指定できて、自分好みの一杯を作ってもらえます。わたしはいつもウォーム (温かい)のノンシュガー。昔間違えて「ホット」と注文したら、めちゃくちゃ熱くて唇をヤケドしました……。1杯S$1.50。もっとローカルな店に行けばS$1くらいで売っているところも。とにかく、豆乳がとーっても身近な国です。豆乳には大豆たんぱく質、イソフラボン、ビタミン、ミネラルがたっぷり。お店によって味や濃さがちがうので、いろんな豆乳を試してみるとお肌とカラダにいい影響があるかも？

Mr Bean
ミスタービーン
www.mrbean.com.sg

ここの豆乳はほんのり大豆の味がして好き！

P124 Little India

WORLD TOUR

チャイナタウン
リトルインディア
アラブストリート
ゴールデンマイル コンプレックス(タイ)
ラッキープラザ(フィリピン)
ペニンシュラプラザ(ミャンマー)

シンガポールで世界旅行したい

シンガポールで世界旅行したい

国そのものが東京23区とほぼ同じくらいのシンガポール。
でも、せまいからといってあなどってはいけません。
世界各国から集まって来た人たちが自国文化を根付かせた
深くて濃い"プチ外国"があちらこちらに。
地図をもたず、足のむくまま気のむくまま、自由に放浪するのが正解!

China Town

毎日がお祭りみたい！
活気あふれまくる中華街

シンガポーリアンは中国系が8割近いというのに、街中ではあまり中華色を感じません。だけどチャイナタウンとなると話は別。中国らしい熱気と活気にみちあふれています。MRT駅から上がってすぐのパゴダストリートには、路上にまでせり出す勢いでTシャツやスカーフ、キーホルダーなどのお土産ものがズラリ！その南にあるテンプルストリートとスミスストリートには、おいしい中華レストランやホーカーセンター、屋台などがいっぱい。これらの通りを中心に、印鑑や乾物、漢方薬、中国茶、工芸品などのお店が点在していて、お店をひやかしながら歩くだけでも楽しいのです。ただ、このあたりは観光向けのチャイナタウン。もっと日常的な中国っぽさを味わいたいなら、MRT駅の目の前にあるショッピングセンターの周辺へ。日用品、衣料品、電化製品から食料品、漢方薬まで、暮らしに根ざしたあらゆるお店が集まっていて、地元の人々で大賑わい。これぞ華僑の街！という雰囲気なのです。

1.中華料理店が建ち並ぶ目抜き通りのテンプルストリート。 2.チャイナタウンには、マックスウェル、チャイナタウンコンプレックス、ピープルズパークコンプレックスと、有名な大型ホーカーセンターが集中。食事時には地元の人やツーリストであふれかえってすごい熱気です。 3.ばらまき土産をまとめ買いするならチャイナタウン！4枚でS$10のTシャツなど、とにかく安い!! 4.チャイナタウンには漢方やさんがあちらこちらに。 5.ピープルズパークコンプレックスの3階には、45分でS$20くらいの激安足裏マッサージ店がびっしりと並んでいて、休日はどこもいっぱい。 6.観光エリアのあちらこちらに、風水で縁起のよい絵柄を使って文字を書く中国伝統芸術の花文字やさんが。S$20ほどとお手頃！ 7.南国らしく街角で盛大にドリアンが売られて、周辺にはあの独特の香りが……。 8.屋外に将棋の台があって、休日にはおっちゃんたちの姿でいっぱい。 9.お寺と仏教博物館とが一体化した新加坡佛牙寺龍牙院には、釈迦の歯といわれる遺物などが祀られています。同じサウスブリッジロード沿いのすぐ近くにヒンズー教やイスラム教の寺院があるというのも多民族国家のシンガポールならでは！

シンガポールで
世界旅行したい

China Town

東北人家 Dong Bei Ren Jia
ドンベイレンジャー　(P142 C-2)

本場中国のモチモチとした皮の餃子で人気のレストラン。餃子のほかにも中国東北地方の料理が驚くほどの安さで楽しめるとあって、食堂のように簡素なお店はいつも大盛況。中国語しか通じないけれど、写真つきのメニューがあるので安心です。ただ、麻婆豆腐などのスパイシーな料理は容赦なく辛いのでご注意を。深夜まで営業しているのもうれしい。

22 Upper Cross St.
+65-6224-5258

Tea Chapter
ティチャプター　(P141 E)

その昔エリザベス女王も訪れた、レトロな調度品に囲まれた中国茶館。2、3階では、烏龍茶、緑茶、白茶、黒茶など40種以上そろう中国茶を軽食とともに楽しめます。スタッフの人にお願いすると、中国茶の作法の手ほどきをしてくれるので、ぜひ。作法といっても堅苦しくなく、気軽に中国茶の奥深さを味わえますよ。

9/11 Neil Rd.
+65-6226-1175
http://teachapter.com

中国茶は1煎目だけでなく、2煎目、3煎目と味の移り変わりを楽しむもの。時間を気にせず、ゆっくり過ごしたい一軒です。

Little India

チャイナタウンからMRTでたった3駅
いざ、プチインド旅行へ！

昔からインドへの旅を夢見ていたけれど、なかなか縁がなくて思いはどんどん募るばかり。それが、シンガポールで暮らしはじめてリトルインディアに行ってみると、ピタッとおさまりました。それだけ思いが中途半端だったっていう話もありますが……、あなどるなかれ、リトルインディアはインド系シンガポール人や出稼ぎ労働に来たインド人たちが食事に、買い物に、祈りに日常的に集まってくる場所とあって、本場の文化がそれほど薄められることなく受け継がれているそう。極彩色の街並みには、インド文化を支える食堂や八百屋、お祈り用の花屋から、金細工にサリー、インド映画のDVDやCD、雑貨などの小さなお店がひしめき合い、街中にスパイスの香りがほんのり。歩いているだけで十分プチトリップできるのです。インド入門にはぴったりかも？

🇮🇳 Little India

シンガポールで世界旅行したい

Yakadar Muslim Food
ヤカダー ムスリムフード　(P143 A-3)

ビリヤニというのは、スパイスと一緒に炊きこんだご飯の上に、カレーをからめた大きなチキンやラムをドカン!とのせた豪快な料理。おすすめのお店はインド系マーケット、テッカ センター内のホーカーセンター(屋台村)にあるヤカダー。わたしがシンガポールで一番おいしいと思うビリヤニです。ここの炊き込みご飯とカレーの風味が絶妙に好みで、わざわざ食べに来たくなっちゃう!

665 Buffalo Rd. #01-259 Tekka Centre

Madras New woodlands
マドラス ニュー ウッドランズ　(P143 A-3)

日本にあるのは北インド料理のレストランがほとんどだそうで、私はシンガポールに来てはじめて南インド料理を食べました。南は野菜中心のカレーで油分が少なくサッパリ、スパイシー。ナンよりもご飯に合うカレーです。いつもインド人たちで賑わうこのレストランのVIPターリーというセットなら、いろんな種類のカレーをごはんやビリヤニライスとともに満喫できますよ。

14 Upper Dickson Rd.
+65-6297-1594

Jaggi's Northern Indian Cuisine
ジャギズ ノーザンインディアン キュイジーヌ　(P143 A-3)

ふらりと立ち寄ったらすごくおいしくて、何度もリピートしている北インド料理の食堂。カウンターで好みのカレーを指さしながら注文する気軽な雰囲気。化学調味料不使用で手間ひまかけて作られている料理はどれを選んでも外れはないけれど、バターチキンカレーとタンドリーチキンという定番メニューがピカイチ!

34/36 Race Course Rd.
+65-6296-6141

1.街には赤、黄、青など、インド人好みの鮮やかな色使いの建物がたくさん!　2.インド人は金細工のアクセサリーが大好き!金は富を象徴するだけでなく、豊穣と幸運の神ラクシュミのシンボルで縁起がよいとか。　3.ヘナで肌を染めるインドのボディアート、ヘナタトゥーのお店もいっぱい。今ではファッション感覚で楽しまれているけれど、もともと幸せのおまじないとして結婚式や特別な日に施すものだったとか。　4.ヒンドゥー教の神様たちには毎日新鮮なお花をお供えするそう。マリーゴールドやジャスミン、バラなどで作られる花飾りの売り場が街のいたるところに。　5.インド神話の神様の中で最も恐ろしく、でも人気のある、殺戮と破壊を象徴する女神カーリーを祀るスリ・ヴィラマカリアマン寺院。塔門の上にインド神話のいろんな神様が大集合するのがヒンドゥー寺院のスタイル。　6.八百屋さんには日本のものとちょっと形の違う形のナスやオクラ、エンドウ、そして見たことのないインド特有の野菜なんかも。　7.メイン通りのセラグーンロードを裏通りに寄り道しながら歩くのがおすすめ。　8.9.食品から衣料、化粧品、日用雑貨、電化製品まで、あらゆるものがそろうインド系の大型ディスカウントストア、ムスタファセンター。なんと24時間営業!いつもここで石鹸やら紅茶やら、お土産をまとめ買いしています。(おすすめのお土産はP78へ!)

Arab Street

エキゾチックなアラブ街を
じゃらん、じゃらん

> じゃらんじゃらんはインドネシア語でブラブラ出かけるといった意味。

少し前からモロッコやトルコのようなイスラム圏を旅するのがわたしの中での小さなブーム。エキゾチックな文化が新鮮だし、雑貨もかわいいし、なにより料理がおいしい！だから、そんなイスラム圏文化があふれるアラブストリート界隈は大のお気に入りなのです。このあたりの通りには、バティックやシルク、レースなどいろんな布がそろうお店、トルコから来た絨毯やランプのお店、ムスリム香水のお店、そして中近東諸国の料理を楽しめるレストランなどなど、異文化を味わえるお店がびっしり。シンガポールでよく見られるショップハウスの街並みも、モスクの大きな金色のドームやアラベスク文様のタイルに彩られて、アラブのどこかの国を旅しているような……。ムスリムカフェでミントティーを飲んだり、食後に水タバコをふかしてみたりと、さらに気分を盛り上げて、いつも妄想旅行を楽しんでいます。

1.地元ではカンポングラムと呼ばれているこのエリア。ランドマークは、国内最大のイスラム寺院、サルタン・モスク。礼拝の時間が近づくと、アザーンという礼拝へ呼びかける朗誦がスピーカーから大音量で流れ、ちょっぴり厳粛なムードが漂います。 2.モスクを正面にのぞむブッソーラストリートにはお手頃価格のお土産やさんが。なかでもパシュミナ風ストールは1枚S$8という驚きの安さ！お土産に大量買いする人が多いよう。 3.4.アラブストリート沿いには何軒もの絨毯やさんが。手織りの高級なものだけでなく、ミニサイズの絨毯や、アラビアン模様の織物でできたテーブルクロスやクッションカバーなど、お手頃プライスのものも充実。同じ通りにあるトルコ製のランプやさんも幻想的でついつい見入っちゃう。 5.界隈のあちこちにお茶と一緒に水タバコ(シーシャ)を楽しめるお店が。アップルやストロベリー、ミントやコーヒーなどいろんなフレーバーがあって、タバコが吸えなくても気分だけ味わえます。 6.アルコールを使わないムスリムのための香水の老舗ジャマルカズラ アロマティクス。香りが長続きするのが特徴で、アルコールの刺激がないから肌が弱い人にもおすすめ。ふわっといい香りが漂う店内には、ところせましとエジプトの職人が作る香水瓶が並んでいて見ているだけでもうっとり！ (おすすめのお土産はP81へ！) 7.歩き疲れたら、やっぱり中近東諸国で愛飲されるミントティーを。フレッシュなミントの葉とたっぷりの角砂糖を入れて。 8.敬虔なイスラム教徒の女性が髪を隠すためにかぶるヒジャブというベールのお店もたくさん。 9.イスラム美術を代表するアラベスク模様が、床や壁のタイルなど、街のあちこちらで見られます。

シンガポールで
世界旅行したい

1	2	
3	4	
5	6	
7	8	9

127

Arab Street

Cafe Le Caire
カフェ ル ケール　(P143　G)

39 Arab St.
+65-6292-0979
www.cafelecaire.com

中近東で食べられる有名な料理はほとんど網羅!というほどメニュー数が充実。リーズナブルな価格でローカルに人気のレストラン。カフェ使いならオープンエアの1階、ゆっくり食事をするならテーブル席と座敷タイプの広間がある2階へ。料理はどれもスパイスがきいているけれど、意外と日本人好みの味でハマる人が多いよう。残念ながらアルコールは置いていません。

Beirut Grill
ベイルートグリル　(P143　G)

72 Bussorah St.
+65-6341-7728
www.beirut.com.sg

ビールやワインなどと一緒にレバノン料理を楽しめるとあって、欧米人の駐在者やツーリストでいつも大盛況のレストラン。オリーブオイルやレモン、スパイスがきいた定番のレバノン料理のほか、こちらのイチオシはラム、ビーフ、チキン、シーフードなどの多彩なグリル料理。絶妙なスパイス使いで後をひくおいしさです! 店内はアラビアンな雰囲気。日によってベリーダンサーのショータイムもあって、ちょっと大人な夜を過ごせます。

🇹🇭 Thai

シンガポールで
世界旅行したい

本場の濃密さを味わえる
リトル タイ

いろんな国の人々が集まるシンガポール。チャイナ、インド、アラブ以外にも"プチ外国"の世界が広がっている場所があるんです。それは街の一角ではなく、なんとショッピングモールの中。たとえば、ゴールデンマイル コンプレックスというショッピングモール内はタイ一色！タイの食堂やスーパー、日用品、衣料品のお店、美容院、マッサージ店などがあふれ、看板もタイ語、聞こえてくる言葉ももちろんタイ語。ほとんど本場のような濃い空気感を味わえるのです。

実は撮影に行った4月某日はタイでは伝統的な水かけ祭り、ソンクランの日。ここ、シンガポールのリトル タイでも本国の慣わし通りちゃんとお祭りが行われていました！水鉄砲で水をかけられながらの撮影だったけれど、旅行に来たみたいで楽しかったなあ。もちろんその後、本場のおいしいタイ料理を食べて大満足なのでした。

Golden Mile Complex
ゴールデンマイルコンプレックス　(P143 B-4)
5001 Beach Rd.

129

🇹🇭 Thai

130

シンガポールで
世界旅行したい

Beer Thai House Restaurant
ビアタイハウス レストラン　(P143　B-4　Golden Mile Complex内)

100種類近いメニューをそろえ、タイの人たちから圧倒的な人気を誇る食堂。ワンプレートだけでちゃちゃっとごはんをすませる人から、ビール片手にのんびり食事をする人までいて、使い勝手がいいみたい。写真つき、英語表記のメニューがあって、注文しやすいのも魅力。なにを食べてもおいしいけれど、日本で食べるタイ料理とちがってかなりスパイシーです!

5001 Beach Rd.
#01-94/95 Golden Mile Complex

New Udon Thai Food
ニュー ウドン タイ フード　(P143　B-4　Golden Mile Complex内)

ジンギスカン鍋のような形をした専用の鍋でBBQとタイスキを一度に楽しめる人気店。注文しなくても勝手にでてくる鍋セットには、鶏肉、豚肉、レバーにエビやイカ、そして白菜などの野菜などがてんこ盛り。女性2人では食べきれない量かも!? 真っ赤なつけダレは辛いけれど後を引くおいしさ。ナンプラーで食べても◎。

5001 Beach Rd.
#01-66 Golden Mile Complex

1.2.ゴールデンマイル コンプレックスは、アラブストリート界隈の目と鼻の先!一気にぜんぜんちがう文化圏を旅するのもいいかも (気分だけ)。　**3.**タイの街角でよく見かける、土地の神様を祀ったサンプラブーム(祠)がショッピングセンターの前にもあります。　**4.**KTV(カラオケバー)のお店も昼間から大盛り上がり。　**5.**モール内にある食堂はどこも満席! せまい通路にまでテーブルがあふれだしています。平日なら人が少なくとってものんびりとしたムードですよ。　**6.**2階には大型のタイスーパーマーケットが。トムヤムクンに使う材料がパックで売られていたり、魚の首がなぜか折って売られていたりと、普通のスーパーの光景とはちょっとちがっておもしろい!　**7.**この日はタイの旧正月を祝う水かけ祭り。大人も子供も水鉄砲を持ってずぶ濡れになりながら、故郷から離れたシンガポールでお祭りを大満喫。　**8.**水かけに疲れた人たちは、地べたに座って昼間から宴会を繰り広げていました。　**9.**ゴールデンマイルコンプレックスはマレーシアやタイ南部への長距離バスの発着所にもなっていて、1階にはバス会社がズラリ。

Philippines

オーチャードの真ん中で
フィリピンパワーが炸裂☆

オーチャード駅前の一等地、高島屋の向かいにたたずむちょっぴり古ぼけたショッピングセンターが、リトル フィリピンと呼ばれるラッキープラザ。建物に入ってすぐには違和感はないけれど、上の階へと行くにつれて、フィリピン色の強いお店だらけに。3階、4階あたりには食料品や雑貨のお店、食堂、ディスコなどから、旅行代理店や銀行などまで、フィリピンに関するあらゆるお店や金融機関がごちゃまぜに並んでいます。ここは、週末になれば仕事のためにシンガポールに住んでいるフィリピンの人たちで大混雑！そこここで同郷の友達とおしゃべりしたり、故郷の味を楽しんだり……、建物全体が華やいだ活気に包まれます。週末は人の多さに圧倒されるから、狙い目は平日。きらびやかなオーチャードでのお買い物の合間に、異文化が彩る別世界へふらりと紛れ込むのも楽しいですよ。

Lucky Plaza
ラッキープラザ (P142 B-1)
304 Orchard Rd.

1.ミニマートにはお菓子やジュースからシャンプーや石鹸、衣料品や本までがいっしょくたに並んでいます。 2.フィリピン版おふくろの味の店!? いろいろおかずを選べる人気の食堂。 3.女性がこれだけ集まると、食堂はもちろん、通路でもお店の目の前でも、どこでもお構いなしに井戸端会議がスタート。 4.フィリピン女性は派手好き!? モール内のアパレルショップはカラフル＆激安！ 5.フィリピンディスコは、週末にかぎって昼間から大盛り上がり。 6.バナナを春巻きみたいに巻いて揚げたトロン、花型に開いたバナナに生地をつけて揚げたマルヤ、米粉の蒸しパンのプトなど、フィリピンのスイーツがいろいろ並ぶお店も。 7.シンガポールへの出稼ぎで家計を支えている人も多く、週末には故郷に住む家族に送金する人たちの行列が。 8.フィリピンバーバーも大盛況。

シンガポールで
世界旅行したい

Myanma

のんびりした空気感が心地いい
リトル ヤンゴン

シティホールMRT駅前のショッピングモールででも"プチ外国"の世界と出合えます。その国はミャンマー。エスカレーターを2階に上がると、突如としてビルマ語の看板があちこちにあらわれます。そこには生活に必要な品々のお店や郷土料理の食堂などがびっしり！週末にはミャンマーの人たちが大集合して、モール内はせかせかとしたシンガポールとはちょっとちがう独特の雰囲気に。そんな空気を感じながら、壁に貼られているスーチンさんの写真を見たり、ビルマ語の新聞や雑誌をめくってみたり、店頭に並ぶ野菜やお菓子を眺めたり……。わたしはまだミャンマーへ行ったことがないので、どんな国なのかなあと、未知の世界へ思いを馳せながら散策しています。最近かなり身近な国になってきたので、いつか旅に出られる日まで、このショッピングモールで予行練習です。

Peninsula Plaza
ペニンシュラプラザ　(P143 C-3)
111 North Bridge Rd.

1.2.3.シンガポールには意外とミャンマー人が多いそうです。ラッキープラザのフィリピン人は女性の姿が圧倒的に多かったけれど、こちらは男性の姿が目立ちます。　4.ビンロウという実をキンマの葉にくるんだ噛みタバコのような嗜好品がいたるところで売られていて大人気。これを噛むとタバコやお酒に似たふわっとした酩酊感がえられるそうな。　5.ミャンマー料理はそれほど辛くないかわりに、油をたくさん使うのが特徴。中でもとくに有名なのが、ヒンというカレーのような濃厚な味の煮込み料理。　6.ミャンマー人の民族衣装である巻きスカート、ロンジーを売っているお店もちらほら。本国ではいまもこのロンジー姿の人が多いとか。鮮やかな色合いの大判の布なので、テーブルクロスなどにも活用できそう！　8.9.モール内は、まるっこくてかわいいビルマ語であふれていて、異国情緒たっぷり！　10.上の階に食堂がたくさんあるけれど、地下にもミャンマーのレストラン街があるので要チェック。週末はどこも座る席がないくらいに大盛況です。

シンガポールで
世界旅行したい

135

MY FAVORITE PLACE IN SINGAPORE

お気に入りの場所はどこ？
人気ショップスタッフ編

ケオンサイクロード周辺

キズキ+リムが今のラッフルズアーケード内に移る前に店を構えていたケオンサイクロード周辺にすごく愛着があります。チャイナタウンから近いのに落ち着いた雰囲気で、古い街並みには昔からのおいしいローカル店がたくさんあって、最近は新しいお店も次々オープン。なかでも注目しているのは、スリーバンズというこだわりバーガーのダイニング。ロンドンの有名なバーガーショップからシェフを呼び寄せていて、今かなり話題になっているお店です！

Tan Eng Chongさん
KIZUKI+LIM、PACT+LIM ディレクター

PACT+LIM　P76
KIZUKI+LIM
328 North Bridge Rd. Raffles Hotel Arcade #03-03/04
www.lessismore.co.jp

ティオンバル

お気に入りはわたしの職場のティオンバル。保存指定地区として保護されている古い街並みや建物も好きだし、ここに集まってくるお店の、のびのびとした雰囲気も好き。それにマーケットで新鮮な食材を買えるし、おいしいローカル料理のお店がいっぱいあるからランチにも困らない。ここで働いているのがとっても楽しいです！

Yvonneさん（左）
nana & bird スタッフ

ニライカナイ/クラークキー

日本の文化や食べ物が大好きで、日本語学校に通って1ヵ月間日本を旅しました。日本の文化財にとても興味があるので、京都に行った時には本当に感動しました！シンガポールにも和食レストランがたくさんあるのがうれしい。一番好きなお店は、クラークキーにあるニライカナイという沖縄料理やさん。沖縄料理、最高！いつか沖縄にも行ってみたいです。

Jaylaさん（右）
nana & bird スタッフ

nana&bird　P72

ガーデンズ バイ ザ ベイ

花が大好きで、花の写真を撮るのが趣味なので、ガーデンズ バイ ザ ベイによく通っています。シンガポールにはいろんな公園があるけれど、やっぱりここがベスト。涼しいエリアにしか咲かない花とか、これまで見たことのない植物とたくさん出合えて行くたびに楽しい!

Brendaさん
Mondays Off スタッフ
Mondays Off　P67

シンガポール ナショナル ミュージアム

ショップスタッフと兼業でグラフィックデザイナーの仕事もしているので、よくミュージアムめぐりに行っています。シンガポールにはたくさん美術館や博物館があるけれど、一番好きなのはシンガポール ナショナル ミュージアム。よくクオリティの高いアートイベントが開催されていて、インスピレーションが湧いてくるんです。

Dionさん
Threadbare & Squirrel スタッフ
Threadbare & Squirrel　P68

ジュロン バードパーク

あんまりメジャーな名所じゃないようだけど、シンガポールで一番おすすめの場所は、なんといってもジュロンバードパーク。海外から友達が来たら必ず連れて行きます。南国ならではのカラフルな鳥が何百種類もいて、バードショーはものすごくエキサイティング!鳥たちと触れ合えるエリアもあって、鳥好きのぼくはここで毎回癒やされています。

Suhailさん
Jamal Kazura Aromatics スタッフ
Jamal Kazura Aromatics P81

ブラスバサー周辺

お気に入りはバレエスタジオのあるブラスバサー周辺。MRTの駅でいうと、シティホールとブギスの間なのですが、このあたりは歴史的な建造物が多く、ミュージアムやアートスクールが集まっていて、芸術に近しい厳かな雰囲気。かと思えば、レストランやカフェ、有名なローカルフードのお店も多く、おいしいものがたくさん！(ついでにいい飲み屋もたくさん!)そんなミックス感が心地いんです。

田代 恵理さん
PrimaBella主宰、バレエ講師
1999年から在星

Ballet Studio Prima Bella
261 Waterloo St. #01-40
Waterloo Centre
www.primabella.org

マクリッチ貯水池公園

スポーツが大好きで、休日にはエクササイズをかねてマクリッチ貯水池公園へトレッキングによく出かけます。熱帯雨林の中を10キロほど歩くコースがいくつもあって、ジャングルのような大自然を満喫できます。途中にツリートップウォークという全長250メートルの吊り橋があって、ここがすごい絶景なんです！日があがると気温がどんどん上昇するので、日の出前(7時前)に出発するのがおすすめです。

城 千春さん
Real Food スタッフ
2002年から在星
Real Food P112

リトルインディア

シンガポールはこんなに小さな国なのに、街によって空気感が全然ちがうのがおもしろい。一番好きな街はリトルインディア。すごいカオスな街で、歩いているだけでエネルギーをもらえる気がします。仕事が終わるのが遅いので、深夜までやってる食堂やレストランが多いのもうれしい。お気に入りはロティプラタ※。1ドル程度で味わえる感動のおいしさ！小腹が減った時にちょうどよくて、来星時には毎日のように食べてます。
※ナンより薄くモチモチとした生地に、カレーをつけて食べるシンガポールのローカルフード。

カンタロウさん
ヘアサロングループLIM 総括ディレクター
2009年から月1ペースで来星

PACT+LIM P76
KIZUKI+LIM
328 North Bridge Rd.
Raffles Hotel Arcade
#03-03/04
www.lessismore.co.jp

お気に入りの場所はどこ？
シンガポールで働く日本人編

MY FAVORITE PLACE IN SINGAPORE

フォレストウォークとプンゴルウォーターウェイ

日常から逃れて体を動かしながらいろいろ考えたい時によく行くのが、自然に包まれたフォレストウォークとプンゴルウォーターウェイ。どちらの公園もルックアーキテクトという建築事務所が手掛けていて、遊歩道や橋などの建築物と自然との調和が見事。フォレストウォークは、熱帯雨林の上を空中散歩するような設計の歩道になっていて、不思議な浮遊感を味わえるのがお気に入り。プンゴルウォーターウェイは、緑の中の照明計画がとてもよく、夜の方が魅力を感じます。

藤堂高直さん
DP Architects Pte Ltd／建築デザイナー
２０１２年から在星

DP Architects Pte Ltd
www.dpa.com.sg

セントーサ島

街から車でほんの十数分、気軽にリゾート気分を味わえるセントーサにはよく行きました。海はそんなにきれいじゃないけど、夕暮れ時のビーチはなかなかのもの。ビーチ沿いにお酒を飲めるお店がたくさんあって、夕日を眺めながらのビールが最高です。あと西洋人が多いので、ちょっと高級系のスーパーには生ハムやチーズ、ワインが充実してたのもよかった。いろいろ買ってホテルの部屋でゆっくり一杯、っていうのもおすすめです。

片平晴奈さん
sunui／デザイナー
２００６年〜２００８年在星

sunui
www.sunui.jp

139

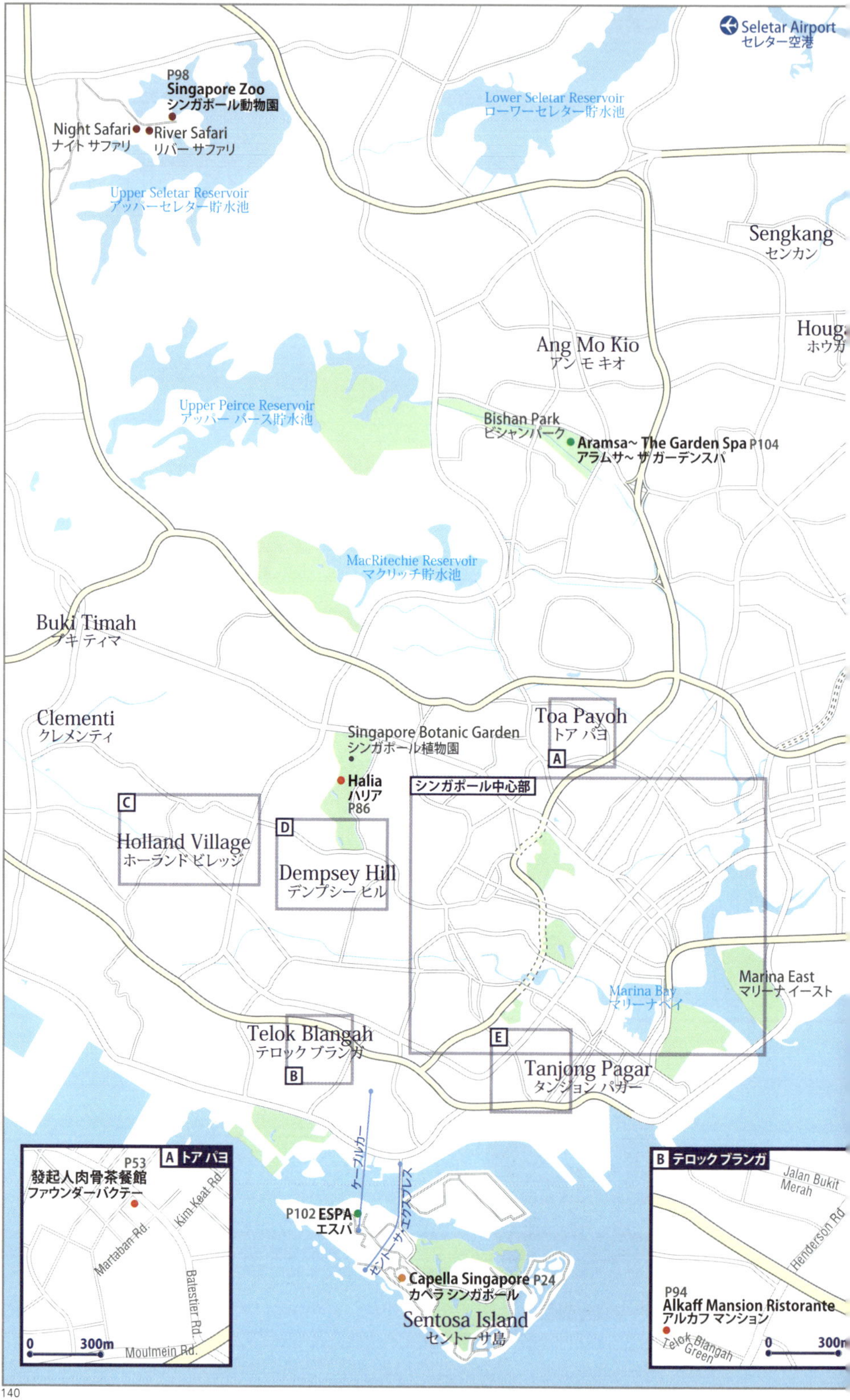

Seletar Airport
セレター空港
P98
Singapore Zoo
シンガポール動物園
Night Safari
ナイト サファリ
River Safari
リバー サファリ
Lower Seletar Reservoir
ローワーセレター貯水池
Upper Seletar Reservoir
アッパーセレター貯水池
Sengkang
センカン
Ang Mo Kio
アン モ キオ
Upper Peirce Reservoir
アッパー パース貯水池
Bishan Park
ビシャンパーク
Aramsa~ The Garden Spa P104
アラムサ~ ザ ガーデンスパ
MacRitechie Reservoir
マクリッチ貯水池
Buki Timah
ブキ ティマ
Clementi
クレメンティ
Toa Payoh
トア パヨ
A
Singapore Botanic Garden
シンガポール植物園
Halia
ハリア
P86
シンガポール中心部
C
Holland Village
ホーランド ビレッジ
D
Dempsey Hill
デンプシー ヒル
Marina East
マリーナ イースト
Marina Bay
マリーナベイ
Telok Blangah
テロック ブランガ
B
E
Tanjong Pagar
タンジョン パガー
ケーブルカー
セントーサ エクスプレス
P102 ESPA
エスパ
Capella Singapore P24
カペラ シンガポール
Sentosa Island
セントーサ島
A トア パヨ
P53
發起人肉骨茶餐館
ファウンダーバクテー
Kim Keat Rd.
Martaban Rd.
Balestier Rd.
Moulmein Rd.
0
300m
B テロック ブランガ
Jalan Bukit Merah
Henderson Rd
P94
Alkaff Mansion Ristorante
アルカフ マンション
Telok Blangah Green
0

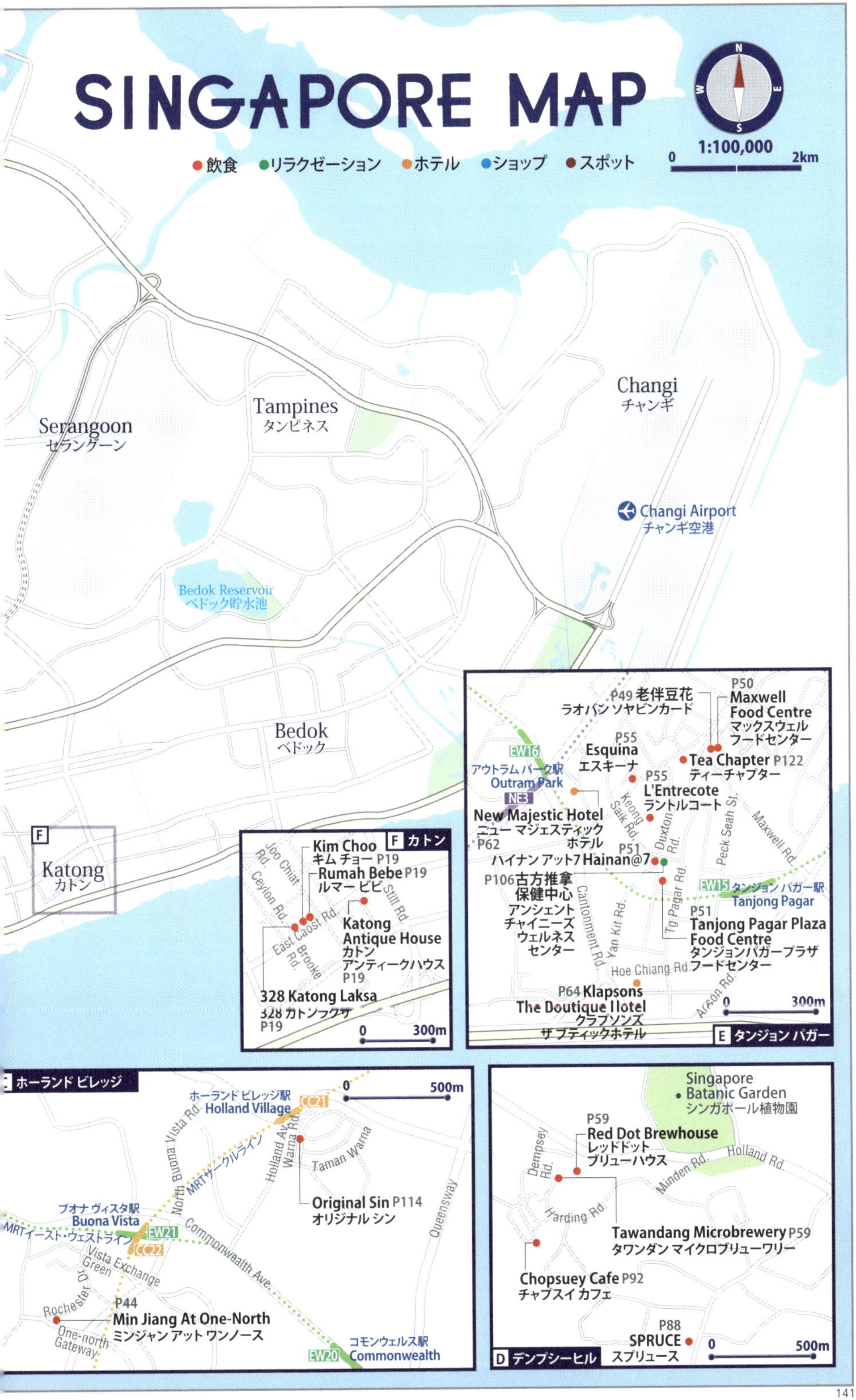

SINGAPORE MAP

1:100,000　0　2km

- 飲食
- リラクゼーション
- ホテル
- ショップ
- スポット

Serangoon セラングーン

Tampines タンピネス

Changi チャンギ

Changi Airport チャンギ空港

Bedok Reservoir ベドック貯水池

Bedok ベドック

F カトン

Kim Choo キム チョー P19
Rumah Bebe ルマー ビビ P19
Katong Antique House カトン アンティークハウス P19
328 Katong Laksa 328 カトンフクサ P19

0　300m

E タンジョン パガー

P49 老伴豆花 ラオバン ソヤビンカード
P50 Maxwell Food Centre マックスウェル フードセンター
P55 Esquina エスキーナ
P122 Tea Chapter ティーチャプター
EW16 アウトラム パーク駅 Outram Park
NE3
P55 L'Entrecote ラントルコート
New Majestic Hotel ニュー マジェスティック ホテル
P62 ハイナン アット7 Hainan@7 P51
P106 古方推拿 保健中心 アンシェント チャイニーズ ウェルネス センター
EW15 タンジョン パガー駅 Tanjong Pagar
P51 Tanjong Pagar Plaza Food Centre タンジョンパガープラザ フードセンター
P64 Klapsons The Boutique Hotel クラプソンズ ザ ブティックホテル

0　300m

ホーランド ビレッジ

ホーランド ビレッジ駅 Holland Village CC21
MRTサークルライン
ブオナ ヴィスタ駅 Buona Vista
MRTイースト・ウエストライン EW21 CC22
Vista Exchange
Rochester
One-north Gateway
P44 Min Jiang At One-North ミンジャン アット ワンノース
Original Sin P114 オリジナル シン
Taman Warna
Queensway
コモンウェルス駅 EW20 Commonwealth

0　500m

D デンプシーヒル

Singapore Batanic Garden シンガポール植物園
P59 Red Dot Brewhouse レッドドット ブリューハウス
Dempsey Rd.
Holland Rd.
Harding Rd.
Minden Rd.
Tawandang Microbrewery P59 タワンダン マイクロブリュワリー
P92 Chopsuey Cafe チャプスイ カフェ
P88 SPRUCE スプルース

0　500m

CITY MAP

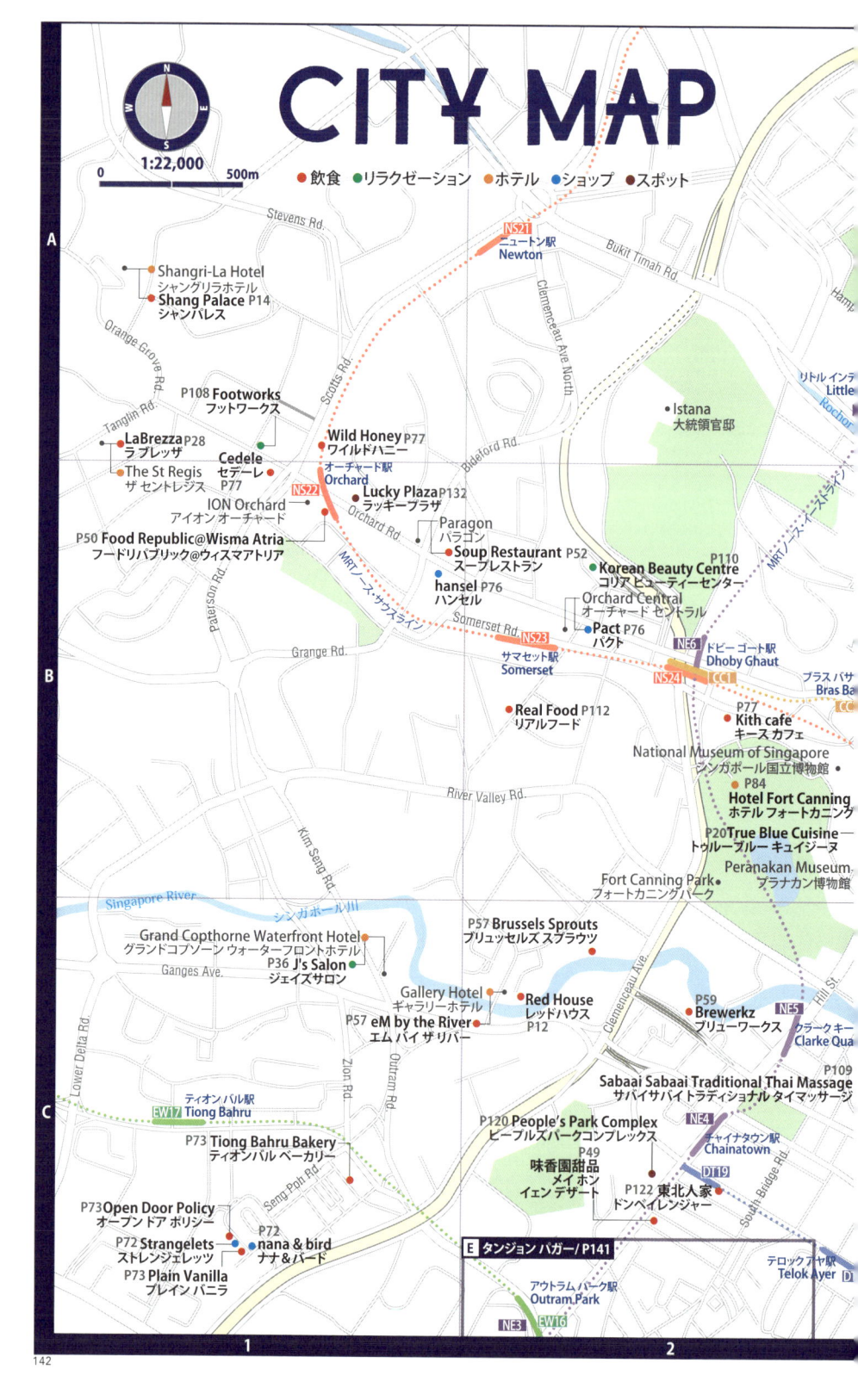

1:22,000 0 — 500m

- 飲食 ● リラクゼーション ● ホテル ● ショップ ● スポット

Stevens Rd.
Bukit Timah Rd.

NS21 Newton ニュートン駅

- Shangri-La Hotel シャングリラホテル
- **Shang Palace** P14 シャンパレス

Orange Grove Rd.
Tanglin Rd.
Scotts Rd.
Clemenceau Ave North

P108 **Footworks** フットワークス

- **LaBrezza** P28 ラブレッツァ
- **Cedele** P77 セデーレ
- **The St Regis** ザ セントレジス
- **Wild Honey** P77 ワイルドハニー

Istana 大統領官邸

NS22 Orchard オーチャード駅

- ION Orchard アイオン オーチャード
- **Lucky Plaza** P132 ラッキープラザ
- Paragon パラゴン

P50 **Food Republic@Wisma Atria** フードリパブリック@ウィスマアトリア

Paterson Rd.
Orchard Rd.
Bideford Rd.

- **Soup Restaurant** P52 スープレストラン
- P110 **Korean Beauty Centre** コリア ビューティーセンター
- hansel P76 ハンセル
- Orchard Central オーチャード セントラル
- **Pact** P76 パクト

Grange Rd.
MRTノース・サウスライン

NS23 Somerset サマセット駅

NE6 Dhoby Ghaut ドビー・ゴート駅
NS24 [CC1]
Bras Basah ブラスバサ

- **Real Food** P112 リアルフード
- P77 **Kith cafe** キース カフェ

National Museum of Singapore シンガポール国立博物館

River Valley Rd.
Kim Seng Rd.

- P84 **Hotel Fort Canning** ホテル フォートカニング
- P20 **True Blue Cuisine** トゥルーブルー キュイジーヌ
- Peranakan Museum プラナカン博物館

Fort Canning Park フォートカニングパーク

Singapore River シンガポール川

- **Grand Copthorne Waterfront Hotel** グランドコプソーン ウォーターフロントホテル
- P36 **J's Salon** ジェイズサロン
- P57 **Brussels Sprouts** ブリュッセルズ スプラウツ

Ganges Ave.
Clemenceau Ave.
Hill St.

- Gallery Hotel ギャラリーホテル
- **Red House** P12 レッドハウス
- P57 **eM by the River** エム バイ ザ リバー
- P59 **Brewerkz** ブリューワークス

NE5 Clarke Quay クラークキー駅

Lower Delta Rd.
Zion Rd.
Outram Rd.

P109 **Sabaai Sabaai Traditional Thai Massage** サバイサバイ トラディショナル タイマッサージ

EW17 Tiong Bahru ティオン・バル駅

P120 **People's Park Complex** ピープルズパークコンプレックス

NE4 Chinatown チャイナタウン駅
DT19

- P73 **Tiong Bahru Bakery** ティオンバル ベーカリー
- P49 味香園甜品 メイホン イェン デザート
- P122 東北人家 ドンベイレンジャー

Seng Poh Rd.
South Bridge Rd.

- P73 **Open Door Policy** オープンドア ポリシー
- P72 **Strangelets** ストレンジレッツ
- P72 **nana & bird** ナナ & バード
- P73 **Plain Vanilla** プレイン バニラ

E タンジョン パガー / P141

Telok Ayer テロック アヤ駅

NE3 Outram Park アウトラム パーク駅
EW16

142

アラブストリート付近詳細図 G

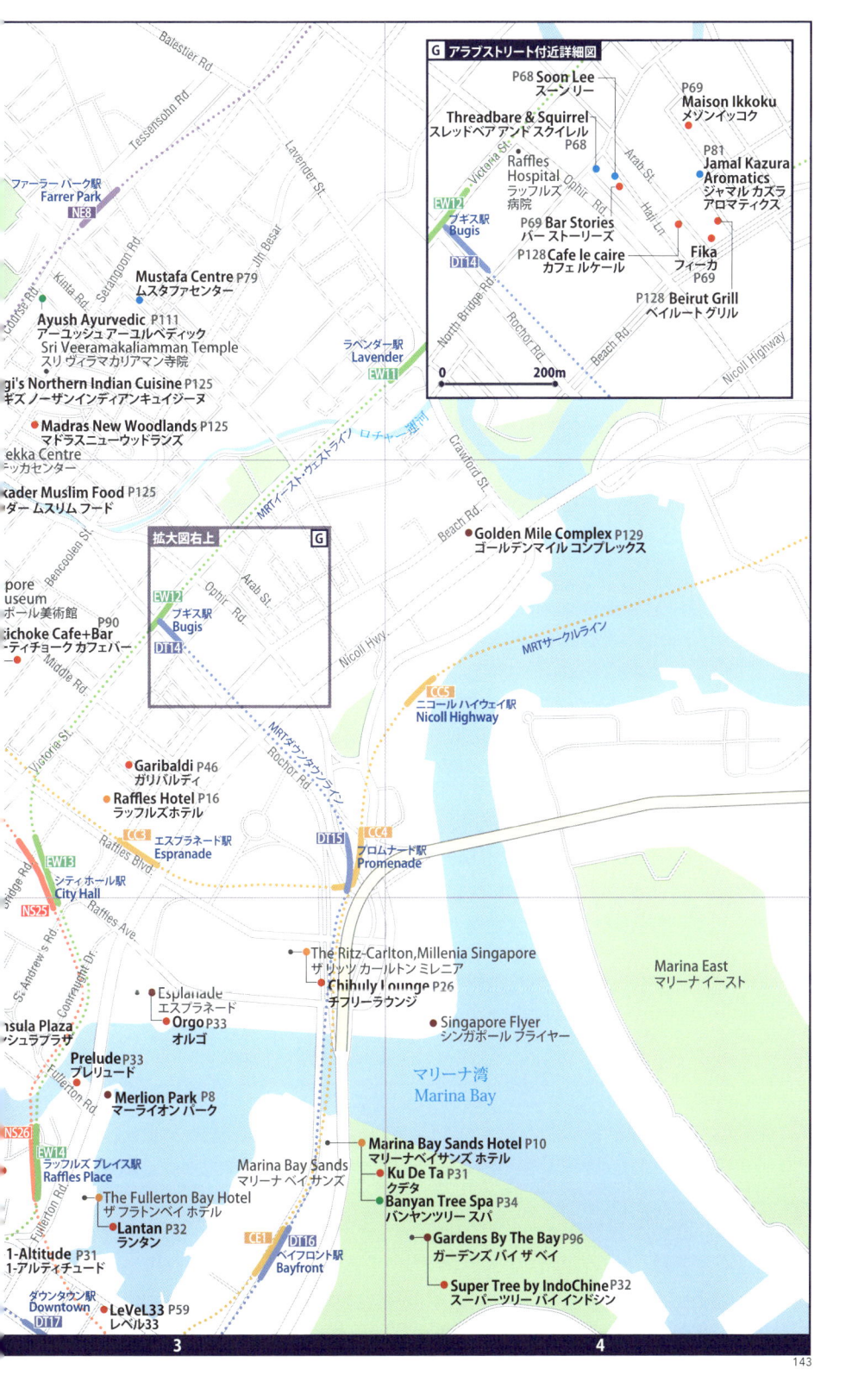

- P68 **Soon Lee** スーンリー
- P69 **Maison Ikkoku** メゾンイッコク
- **Threadbare & Squirrel** スレッドベア アンド スクイレル P68
- Raffles Hospital ラッフルズ病院
- P81 **Jamal Kazura Aromatics** ジャマル カズラ アロマティクス
- ブギス駅 Bugis EW12 / DT14
- P69 **Bar Stories** バー ストーリーズ
- P128 **Cafe le caire** カフェ ル ケール
- **Fika** フィーカ P69
- P128 **Beirut Grill** ベイルート グリル
- ラベンダー駅 Lavender EW11
- 0 — 200m

- ファーラー パーク駅 Farrer Park NE8
- **Mustafa Centre** P79 ムスタファセンター
- **Ayush Ayurvedic** P111 アーユッシュ アーユルベディック
- Sri Veeramakaliamman Temple スリ ヴィラマカリアマン寺院
- gi's Northern Indian Cuisine P125 ギズ ノーザンインディアンキュイジーヌ
- **Madras New Woodlands** P125 マドラスニューウッドランズ
- ekka Centre ッカセンター
- kader Muslim Food P125 ダーム スリム フード

拡大図右上 G

- pore useum ール美術館 P90
- ichoke Cafe+Bar ーティチョーク カフェバー
- ブギス駅 Bugis EW12 / DT14
- **Golden Mile Complex** P129 ゴールデンマイル コンプレックス
- ニコール ハイウェイ駅 Nicoll Highway CC5
- MRTサークルライン
- **Garibaldi** P46 ガリバルディ
- **Raffles Hotel** P16 ラッフルズ ホテル
- エスプラネード駅 Esplanade CG
- プロムナード駅 Promenade CC4
- DT15
- シティ ホール駅 City Hall EW13 / NS25
- **The Ritz-Carlton, Millenia Singapore** ザ リッツ カールトン ミレニア
- **Chihuly Lounge** P26 チフリーラウンジ
- Esplanade エスプラネード
- **Orgo** P33 オルゴ
- **Singapore Flyer** シンガポール フライヤー
- Marina East マリーナ イースト
- **Prelude** P33 プレリュード
- マリーナ湾 Marina Bay
- **Merlion Park** P8 マーライオン パーク
- ラッフルズ プレイス駅 Raffles Place EW14 / NS26
- Marina Bay Sands マリーナ ベイ サンズ
- **Marina Bay Sands Hotel** P10 マリーナベイサンズ ホテル
- **Ku De Ta** P31 クデタ
- **Banyan Tree Spa** P34 バンヤンツリー スパ
- **The Fullerton Bay Hotel** ザ フラトンベイ ホテル
- **Lantan** P32 ランタン
- ベイフロント駅 Bayfront CE1 / DT16
- **Gardens By The Bay** P96 ガーデンズ バイ ザ ベイ
- **Super Tree by IndoChine** P32 スーパーツリー バイ インドシン
- 1-Altitude P31 1-アルティチュード
- ダウンタウン駅 Downtown DT17
- **LeVeL33** P59 レベル33

あとがき

シンガポールは東京23区くらいの小さな国だから3年も住めば飽きると、
2007年当時はまわりのみんなが言っていたけれど
それからはや7年。その間に、マリーナベイサンズができ、
カジノができ、ユニバーサルスタジオができ、
ホテルや大型ショッピングセンターが次々とオープンし……、
さいわい飽きるどころか、見ちがえるようにどんどん変化していく街の姿に
ついていくのが必死!なくらいです。

とはいえ、それもこの国のほんの一面。
小さな国土に多民族がうまく共存しながら暮らすシンガポールでは
文化の奥深さを感じさせられる場面もしばしば。
取材をしていると、知っているつもりでいたことのその奥に踏みこむことが多々あって、
こんなに住んでいてもはじめて知ることがいっぱいあるんだなあ、と驚き、
まだまだしばらく楽しみながら暮らせそうだなあ、と悦に入ったのでした。

この本と旅することで、日々進化するシンガポールの今を
少しでも感じていただけたなら、とってもしあわせです。

街でこの本を持った日本の旅行者の方とすれ違う日を夢見て。

2014年 5月　かとうみさお

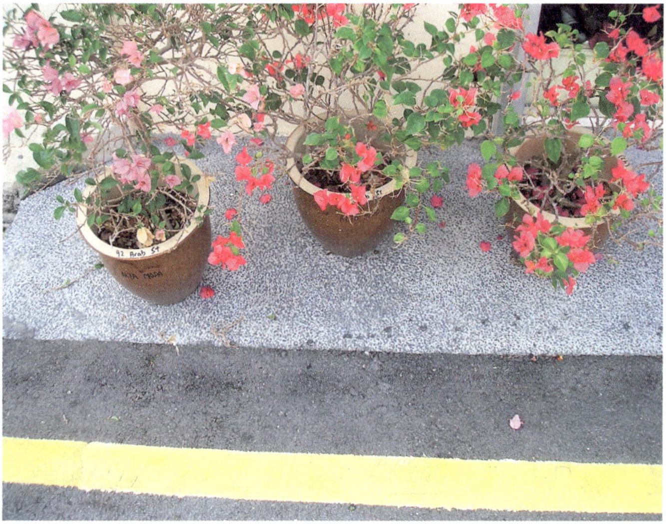
92 Arab St

146

147

シンガポールに来てすぐにお世話になりだした編集部で出会い、はじめての飲み友達になったのが、この本のデザインを担当してくれたsunuiのはるちゃん。間もなく彼女は帰国して、いまは日本でsunuiとして大活躍。あのころ「なにかおもしろいことやりたいねー」と話していたのが、こういうかたちで実現できてすごくうれしいです。忙しいところデザインを引き受けてくれたsunuiのみなさん、ほんとにありがとう。また、本の出版のお話をくださり、いつもやさしく支えてくださった産業編集センターの福永恵子さんには、感謝の気持ちでいっぱいです。最後に、取材に協力してくださったみなさま、そして本を手にとってくださったすべてのみなさまに、心からの感謝をこめて。ありがとうございます！

かとう みさお　Misao Kato

シンガポール在住のライター。これまで美容と健康にまつわる仕事に多く関わり、シンガポールでも高級エステから珍美容までを幅広く体験取材したり、美容コラムを執筆したり。渡星前にはカフェ、雑貨店の立ち上げに携わったことも。いままでに20カ国以上を巡る旅好き。愛犬と公園を散歩する時間と、仲よしの友達と飲んでいる時間が一番幸せな、関西出身、やぎ座のB型。
blog：www.happy-singapore.com

私のとっておき36
ハッピー・シンガポール

2014年7月15日　第一刷発行

著者	かとう みさお
写真	かとう みさお
デザイン	sunui
イラスト	toranekobonbon
地図	山本眞奈美（DIG. Factory）
発行	株式会社産業編集センター

〒112-0021 東京都文京区千石4丁目17-10
Tel 03-5395-6133　Fax 03-5395-5320

印刷・製本　大日本印刷株式会社

© 2014 Misao Kato Printed in Japan
ISBN978-4-86311-098-4 C0026

本書記載の情報は2014年5月現在のものです。
(2014年5月現在 S$1＝約81円)
本書掲載の写真・文章を無断で転記することを禁じます。
乱丁・落丁本はお取り替えいたします。